axiomas

CB131865

BILL HYBELS

axiomas

Máximas da LIDERANÇA *corajosa*

Tradução
JORGE CAMARGO

Vida

Vida

Editora Vida
Rua Isidro Tinoco, 70 Tatuapé
CEP 03316-010 São Paulo, SP
Tel.: 0 xx 11 2618 7000
Fax: 0 xx 11 2618 7030
www.editoravida.com.br

©2008, de Bill Hybels
Título do original
Axiom
Copyright da edição brasileira ©2009
Tradução de Jorge Camargo
Edição publicada com permissão de Zondervan
(Grand Rapids, Michigan, USA)

■

Todos os direitos desta tradução em língua portuguesa reservados por Editora Vida.

Proibida a reprodução por quaisquer meios, salvo em breves citações, com indicação da fonte.

■

Scripture quotations taken from Bíblia Sagrada,
Nova Versão Internacional, NVI ®
Copyright © 1993, 2000 by International Bible Society ®.
Used by permission IBS-STL U.S.
All rights reserved worldwide.
Edição publicada por Editora Vida,
salvo indicação em contrário.

■

Todas as citações bíblicas e de terceiros foram adaptadas segundo o Acordo Ortográfico da Língua Portuguesa, assinado em 1990, em vigor desde janeiro de 2009.

Editor responsável: Sônia Freire Lula Almeida
Editor-assistente: Gisele Romão da Cruz Santiago
Revisão de tradução: Ricardo Costa
Revisão de provas: Andrea Filatro
Diagramação: Claudia Fatel Lino
Capa: Arte Peniel (adaptação)

1. edição: jul. 2009
1. reimp.: jan. 2010
2. reimp.: abr. 2011

Dados Internacionais de Catalogação na Publicação (CIP)
(Câmara Brasileira do Livro, SP, Brasil)

Hybels, Bill
Axiomas: máximas da liderança corajosa / Bill Hybels; tradução Jorge Camargo; prefácio à edição brasileira de Marcos C. B. Cunha. — São Paulo: Editora Vida, 2009.

Título original: *Axiom*
ISBN 978-85-383-0111-0

1. Liderança — Aspectos religiosos — Cristianismo 2. Liderança — Cristã I. Título.

09-03734 CDD-253

Índice para catálogo sistemático:

1. Liderança cristã : Teologia pastoral : Cristianismo 253

NOS ÚLTIMOS VINTE ANOS,
tive o extraordinário privilégio de trabalhar ao lado de dois dos líderes mais capacitados no Reino: um graduado por Stanford, típico texano, que vai a óperas usando botas, é um verdadeiro *chef* e ensina seus filhos a jogar futebol americano no campeonato do bairro. O outro, um graduado por Harvard, dirige uma equipe feminina de salto com vara e ainda é capaz de saltar o equivalente à sua própria altura no salto em altura, aos 45 anos.

Greg Hawkins e Jim Mellado faziam da ida diária ao trabalho puro prazer para mim. Espirituais, inteligentes, humildes, voltados para o trabalho em equipe — a lista poderia continuar. Colaborar com eles foi um presente que jamais os dois poderão entender.

Este aqui é para vocês, rapazes!

Sumário

CATEGORIA 2: TRABALHO EM EQUIPE E COMUNICAÇÃO

CATEGORIA 3: ATIVIDADE E AVALIAÇÃO

Prefácio

Todos nós tivemos a experiência de ir ao médico e ele receitar um comprimido para aquilo que nos aflige. A pílula parece tão pequenina, simples demais para ser eficiente, mas, por incrível que pareça, ao ingerirmos uma ou duas doses a dor alivia, a infecção é combatida e a plena capacidade de funcionamento é retomada. Por trás desse comprimido estão anos de pesquisa, muito trabalho bioquímico — realizado por pessoas tão dedicadas que lhes foi negado interagir com pessoas comuns —, extensas experiências clínicas, fracassos e replanejamentos, centenas de milhões de dólares e sucesso comprovado. Em resumo, naquela solução de visual inofensivo está oculto o poder para mudar *todas as coisas*.

Trata-se de uma analogia apropriada, porque nesta coletânea de "provérbios de liderança", como Bill a definiu, você recebeu um punhado de pequenas pílulas poderosas que podem transformar uma situação prejudicial de liderança ou melhorar seu sistema imunológico para que você nunca fique adoentado. Os princípios de *Axiomas* são muito simples, embora muito profundos. E, como todos os remédios que valem a pena, são apoiados por anos de pesquisas, testes rigorosos, fracassos colossais e replanejamentos subsequentes, milhões de dólares e enorme quantidade de sangue, suor e lágrimas. Eles funcionam. Como consultor de liderança e técnico na área para pequenas organizações e empresas semelhantes para a revista Fortune 500, tenho testemunhado em primeira mão o que acontece às três primeiras responsabilidades de um líder quando princípios como estes são utilizados... e quando não são.

A responsabilidade de um líder, primeiro e acima de tudo, é fazer com que uma visão e uma missão tenham resultados tangíveis no mundo real. Sem uma diferença verdadeira na vida *real* de pessoas, uma visão é relegada a um sonho impossível; uma visão, a uma série de desejos postados na parede. Grandes líderes — seja no mercado geral ou em um contexto ministerial — exigem o cumprimento de metas que possam ser contadas, medidas e sentidas. Este livro lhe mostrará como fazer isso.

Um líder é também responsável pela experiência de seus seguidores. Se sua liderança é sadia, você não está apenas *atingindo metas*, mas está também *levando pessoas* a experimentarem mais saúde, mais crescimento, mais sucesso e aumento na satisfação como consequência de estarem na jornada com você. Grandes líderes cultivam um ambiente no qual, em vez de as pessoas serem feridas, desencorajadas e desiludidas, são equipadas para se transformar naquilo que nunca pensaram poder ser e para realizar coisas que jamais imaginaram poder alcançar. Grandes líderes fazem crescer não somente os resultados, mas também as pessoas. Este livro lhe mostrará como fazer isso.

A terceira responsabilidade do líder — e a mais difícil de todas — é a autoliderança: o compromisso do aperfeiçoamento constante como líder. Poucas coisas são mais trágicas do que ver zelo, talento e dom dados por Deus fracassarem porque um líder negligenciou o propósito de melhorar. Muitas vezes observo alguém com todos os dons do mundo e penso: "Se você tão somente tivesse entendido esta *coisa única*, então *tudo* teria sido diferente". Meu coração dói ao observar o quanto líderes podem se desgastar e desorientar. Grandes líderes fazem sua lição de casa de modo que deixam o cansaço e a instabilidade bem longe. Agarram o maior número possível de "coisas únicas" a fim de não se tornarem mais uma estatística, mas um sucesso de liderança. Este é o presente de *Axiomas*, a apresentação de uma enorme quantidade de "máximas únicas", testadas e verdadeiras.

Vejo Bill liderar. Já liderei a seu lado. Estudei como ele trabalha. As lições aprendidas que ele oferece em *Axiomas* não nasceram de um grupo de pensadores acadêmicos. Nasceram no coração e na alma de uma pessoa verdadeira, que começou sua jornada de liderança com nada mais que uma visão, uma quantidade razoável de energia e um barco carregado de fé. Hoje, seu legado vivo está literalmente influenciando a cara da Igreja ao redor do mundo. Há ocasiões quando um bom mentor de liderança recomenda um livro a outro líder ou a um cliente. Quando revisei uma cópia de *Axiomas*, não o quis *recomendar* para meus amigos e clientes; *exigi* que eles o lessem. Quero o mesmo para você. Você será encorajado pela empatia de Bill para com o fardo da sua liderança. Ele esteve nas trincheiras, isso fica claro. Você será consolado por sua companhia como mentor e como amigo. E será desafiado a perseguir os resultados que estes provérbios têm produzido na missão da Willow, em sua incrível equipe de pessoas e de membros e no próprio Bill. Incorpore os princípios deste livro. Ele é uma solução aparentemente simples, mas que tem o poder de mudar todas as coisas.

Henry Cloud
Los Angeles 2008

Prefácio à edição brasileira

Como meu pai sempre diz, "o melhor caminho é aquele que você já conhece".

Todos nós temos a lembrança dos provérbios que nossos pais e avós repetiam constantemente e que costumeiramente nos ajudam quando temos de tomar alguma decisão. Frases que, nunca escritas, foram talhadas na jornada da vida e transmitidas de geração a geração pela "tradição oral".

O dicionário define *axioma* como "máxima, provérbio que encerra uma verdade indiscutível; premissa imediatamente evidente por si mesma, que se admite como universalmente verdadeira sem exigência de demonstração".

Em *Axiomas*, Bill Hybels traz para nós algumas dessas máximas, expressões práticas e claras dos princípios de liderança aprendidos em sua experiência de mais de trinta anos como líder e pastor. Como afirma o autor, "líderes experientes deveriam poder apontar seus princípios-guias sobre o importante tema da liderança e destilá-los em frases curtas, de impacto, memoráveis, que podem ser suscitados após uma segunda observação, a fim de moldar uma decisão crítica".

Quando tantos líderes e pastores se esforçam para encontrar soluções altamente técnicas para os complexos desafios do dia a dia da liderança, o autor resume de forma brilhante suas descobertas e compartilha conosco seus "provérbios de liderança" em capítulos curtos, de fácil leitura e compreensão.

Quem conhece Hybels, por meio de palestras, ao vivo ou não, já o ouviu dizer em várias oportunidades alguns desses princípios no decorrer de seus discursos. Afirmações como "Contrate os melhores", ou "Isto é igreja", ou ainda instruções como "Leia tudo que puder" e "Lidere alguma coisa!" já foram lançadas em nossa mente ao lado de outros de seus preciosos ensinamentos. Quem já leu seus livros conhece o significado de "Os três Cs" e conhece a célebre frase "A excelência honra a Deus e inspira as pessoas".

Agora essas afirmações foram colocadas no papel para que todos aprendam com a experiência de alguém que está na estrada há bastante tempo. Afirmações que se tornaram verdadeiras porque funcionam e podem ser reproduzidas em qualquer ambiente ou cultura. Princípios que funcionam não apenas por terem sido escritos nos bancos acadêmicos, mas, sobretudo, porque terem sido experimentados e comprovados na jornada da liderança.

Como consultor nas áreas de gestão de ministérios e crescimento da igreja, tenho percebido a enorme necessidade de líderes e pastores, que buscam para dilemas na liderança respostas simples e aplicáveis em seu contexto especifico. Tenho visto e ouvido líderes e pastores, das mais variadas regiões de nosso país, clamando por ajuda. Como atender a tão grande demanda?

Temos aqui um excelente recurso. Repleto de conselhos práticos e exemplos da vida real, alguns dos quais presenciei, este livro proporciona as ferramentas necessárias para criar um legado duradouro de excelência na liderança e também fornece aos líderes orientações práticas para assumirem a responsabilidade pelo próprio crescimento e pelo desenvolvimento de sua igreja.

Bill Hybels consegue falar-nos ao coração e à razão, pois fala de si mesmo e de sua experiência. Fala de modo simples e profundo com a intenção de ajudar você a encontrar prazer e sucesso no exercício da liderança.

Mostra o caminho que percorreu e, como dizia seu avô, e o meu também, "devemos aprender como os erros e acertos dos outros".

Tenho o costume de indicar a leitura de bons livros aos meus alunos e parceiros. *Axiomas: máximas da liderança corajosa* não pode ser apenas uma indicação, mas uma recomendação veemente. Este é um daqueles volumes que não podem ficar na prateleira. É um dos livros que todo líder deve ter em sua cabeceira e à mão para consulta constante!

Tenho convicção de que, se você, como líder, puser em prática os princípios aqui esclarecidos, poderá ver sua liderança alcançar níveis de eficácia e excelência altamente motivadores para si mesmo, para sua equipe e para sua igreja.

Marcos C. B. Cunha
Academia de Líderes
www.academiadelideres.com

Introdução

Estar na estrada pelo tempo que eu estou não torna a vida muito glamorosa. No entanto, toda vez que treino líderes em determinado contexto é tão maravilhoso que faz com que os atrasos de voos, os taxis sujos e a perda de bagagem caiam no esquecimento.

O Rio de Janeiro sempre foi um lugar assim. Visitei-o quando garoto e retornei em várias ocasiões desde então, mas em 2008 tive minha melhor viagem para lá até hoje. Meu propósito era treinar pastores e divulgar a Global Leadership Summit — uma conferência organizada pela Willow Creek Association. Certa noite, percebi que tinha quatro horas consecutivas de agenda livre. Isso quase nunca acontece em minhas viagens, então apanhei meu diário, alguns livros e parti em direção a um café na calçada da Praia de Copacabana, em busca de peixe fresco e de um copo de "alguma coisa" brasileira. Ahhhh...

Assim que pedi o jantar, comecei a folhear *The Powell Principles* [Os princípios de Powell], uma prioridade de leitura porque eu tinha uma entrevista agendada com o general Colin Powell no fim daquele mês. Ao passear pelas primeiras páginas, notei seu formato interessante; em vez de capítulos longos, o livro simplesmente capturava algumas dezenas das maiores lições que Powell aprendera em seus dias de soldado em serviço e, mais tarde, como alto oficial do governo, e as declarara em forma de princípios. Mergulhei nas 24 seções — cada princípio-chave oferecido em dez palavras ou menos — e ganhei paixão e energia a cada página. Fiquei fascinado pelo fato de que por quase quarenta anos o general Powell havia liderado segundo adágios expressivos como: "Mantenha uma política de portas abertas", "Investigue a organização" e "Promova o conflito de ideias".

Ler as convicções de Powell em forma de declarações curtas validou algo que eu há muito acreditava: grandes líderes não apenas lideram bem, mas também são capazes de articular resumidamente frases memoráveis sobre como lideram. Guarde esse pensamento.

Um dos meus livros favoritos do Antigo Testamento é Provérbios. Li-o dezenas de vezes, mas ele ainda me inspira a cada leitura. Provérbios é único no sentido de oferecer uma carga enorme de sabedoria em doses homeopáticas. Você não tem de vagar em um labirinto frustrante para entender o que o autor está dizendo; ele apenas diz — e diz de modo memorável. Quem pode esquecer Provérbios 15.1, "A resposta calma desvia a fúria, mas a palavra ríspida desperta a ira"? Ou "Assim como o ferro afia o ferro, o homem afia o seu companheiro" (Provérbios 27.17)? Sucinto, doce e verdadeiro como só a verdade pode ser.

Do mesmo modo, penso que líderes experientes deveriam poder apontar seus princípios-guias sobre o importante tema da liderança e destilá-los em frases curtas, de impacto, memoráveis, que podem ser suscitados após uma segunda observação, a fim de moldar uma decisão crítica.

Por mais de três décadas tenho tido o privilégio de liderar a Igreja Willow Creek. Por boa parte desse período, tenho liderado por axiomas — provérbios de liderança que tenho criado e praticado, embora a maioria somente por "tradição oral". Recentemente, decidi que era tempo de registrá-los por escrito, o que explica como este livro veio à existência. Brinquei com meu editor que este livro levou três décadas para ser escrito e três meses para ser publicado! Embora eu tenha proposto uma estrutura para esses axiomas, sinta-se à vontade para mergulhar em qualquer um deles e lá permanecer o tempo que quiser. Quando chegar a um conceito que lhe seja especialmente útil, consulte a seção "Links", ao final do capítulo, que irá direcionar você a outros temas semelhantes. Cada capítulo pede pelo menos dez minutos para ser lido, mas irá ajudá-lo a vida toda.

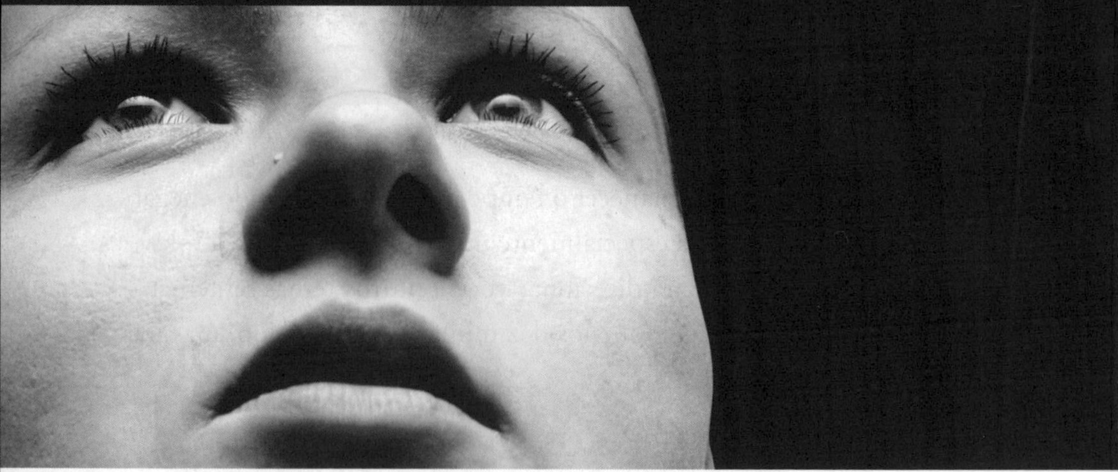

estratégia

visão

a ling

1 A LINGUAGEM IMPORTA

Se alguém tivesse tentado me dizer há trinta e cinco anos que a minha eficiência como líder quase sempre depende de algo tão "inconsequente" como a escolha de palavras, eu teria olhado para essa pessoa com desdém e desconsideração. "Contanto que, em termos gerais, eu consiga comunicar uma ideia que todos possam entender", eu teria dito, "está ótimo".

E estaria redondamente enganado.

A verdade é que líderes sobem e descem pela linguagem que usam. Às vezes, visões inteiras vivem ou morrem dependendo das palavras que o líder escolhe para articulá-las.

Quando você escolhe as palavras certas para uma visão ou um princípio, ele se torna incontestável. Começa a viver! Torna-se memorável e poderoso. Torna-se um peso a ser carregado, e consequentemente todos ao seu redor apoiam esse princípio. Todos o defendem com vigor. Doam e oram por ele. Na Willow posso dizer a um líder importante: "Contrate os melhores" ou falar com voluntários sobre o "guarda-chuva da misericórdia" ou dizer de modo empolgado com um membro da congregação que um evento recente foi um momento "somente Deus", e todos entendem imediatamente o que estou dizendo. É como falar de forma abreviada — a linguagem "dos de dentro" aprofunda o senso de comunidade e cria clareza e um tipo especial de solidariedade.

Os melhores líderes que conheço lutam com as palavras até serem capazes de comunicar suas grandes ideias de um modo que capture a imaginação, catalise a ação e desperte os ânimos. Eles cunham credos e criam *slogans* e gritos de guerra, tudo porque entendem que a linguagem importa.

Os axiomas reforçam uma cultura e a fortalecem contra os ventos da mudança. Escolha as palavras certas e você conduzirá todos os que lidera a um nível de eficiência que nunca pensou ser possível alcançar.

Os melhores líderes que conheço lutam com as palavras até serem capazes de comunicar suas grandes ideias de um modo que capture a imaginação, catalise a ação e desperte os ânimos. Eles cunham credos, criam slogans e gritos de guerra, tudo porque entendem que a linguagem importa.

Por mais estranho que possa parecer, frequentemente faço longas caminhadas ao redor de nossa propriedade em busca de uma palavra-chave para uma palestra sobre liderança na qual esteja trabalhando. Uma palavra. Sou conhecido por dedicar um voo transatlântico inteiro para criar uma simples frase para uma importante palestra sobre visão que eu precise dar à Willow. Soa psicótico para você? O argumento que estou tentando criar é o de que as palavras realmente têm importância. E os líderes devem pagar o preço por escolherem as certas, porque quando conseguem encontrar o retorno é enorme.

A Willow passou por um grande processo de planejamento estratégico. Foi preciso um ano e meio para elaborá-lo, mas sei que os benefícios suplantarão todo o tempo e energia que dedicamos para acertá-lo. Nossos líderes ministeriais e nossa equipe principal se reuniram várias vezes para conversar sobre suas dificuldades e sobre o que acreditavam ser o desejo de Deus para a nossa igreja nos anos seguintes. A conversa girou em torno de três valores-chave: evangelismo, discipulado e compaixão.

Com isso resolvido, muitos de nossos líderes ficaram aliviados. *Finalmente*! Eles pensaram. *Sabemos exatamente no que Deus deseja que nos concentremos!* Alguns de nós com décadas de experiência em liderança sabíamos que o nosso trabalho havia apenas começado. Se quiséssemos suscitar o entusiasmo da congregação com o nosso plano estratégico, teríamos de buscar palavras que conquistassem o coração e a mente de nosso povo e os levasse à ação.

Era uma tarefa que se mostrava tão difícil quanto identificar os valores-chave. No entanto, após dezenas de interações, chegamos às palavras certas. Por exemplo, não queríamos falar meramente sobre evangelismo: antes, dissemos que queríamos "elevar o nível de risco" em nossa tentativa de chamar a atenção das pessoas para a fé em Cristo. Willow sempre foi uma igreja que assumiu riscos, uma característica que motiva o espírito empreendedor tão presente em nossa congregação. Pensar que, depois de trinta e cinco anos, nossa igreja correria riscos que jamais correra, fez com que o povo se mobilizasse rápido. Felizmente, nossa descrição de "aumento de risco" instantaneamente despertou a energia das pessoas, algo de que precisaríamos desesperadamente se quiséssemos mobilizar toda a nossa congregação rumo a níveis mais elevados de engajamento evangelístico.

O passo seguinte era o discipulado, mas não queríamos falar meramente sobre discipulado. Ao contrário, escolhemos fazer algo que nunca fizemos na história da nossa igreja. Criamos um pedido de desculpas pelo estilo de expressão verbal de nosso plano estratégico. Dissemos à nossa congregação: "Em se tratando de discipulado, nos próximos três anos, vamos *repensar* como treinamos pessoas para desenvolver sua plena devoção por Cristo". Foi uma autêntica confissão. Estávamos admitindo que deveríamos desafiar melhor os seguidores de Cristo a uma devoção plena e então prometemos que iríamos organizar as melhores ideias, ferramentas e recursos, e faríamos melhorias conforme avançávamos. "Repensar" implicava honestidade para com a nossa eficiência ou falta dela no passado e propósito com relação ao futuro. Iríamos virar todas as pedras para ajudar os crentes a se moverem corajosamente na direção da maturidade plena em Cristo. E a congregação adorou.

Então veio a compaixão. No entanto, em vez de apenas dizer que iríamos "ser compassivos" (um enorme bocejo), dissemos que iríamos "liberar quantidades sem precedentes de compaixão em nosso mundo arruinado". Quando as pessoas ouviram essa frase durante o Final de Semana da

Visão, aplaudiram por um minuto, ininterruptamente. Havíamos tocado profundamente no coração da congregação, principalmente por causa da seleção cuidadosa de apenas três palavras, "liberar" e "sem precedentes".

Aumente o risco. Repense. Libere. Mesmo a cadência dos termos foi importante para nossa equipe de líderes enquanto pensávamos sobre qual linguagem usar. Sob o risco de ser redundante, deixe-me repetir: a linguagem importa!

Tento aplicar a mesma abordagem rigorosa ao título da mensagem. Certa vez trabalhei com um conceito por seis meses, antes de finalmente poder dar-lhe um nome.

Continuei explicando às pessoas um sentimento de "ansiedade espiritual" que eu tinha em relação a coisas como a pobreza extrema, a pandemia do HIV/AIDS e os padrões de racismo que ainda existem neste país e ao redor do mundo. Os ouvintes não entenderam esse termo e então eu tentei outro: "É como um sentimento de *frustração divina*". Olhares vazios foram lançados sobre mim. Algo estava obviamente fora de ordem. Essas duas palavras simplesmente não estabeleceram conexão com as pessoas. *Ansiedade espiritual* e *frustração divina* não cativaram as pessoas do mesmo modo que o conceito em si estava me cativando. Continuei tentando até que, finalmente, cheguei à expressão *descontentamento santo*.[1] Assim que o termo surgiu, as pessoas vibraram. Enfim puderam relacionar-se com ele. Instintivamente; elas sabiam o que significava. E instantaneamente quiseram saber mais. Fui convidado a falar sobre o assunto no mundo inteiro e ele por fim tornou-se um livro. Ah, o belo produto da escolha das palavras certas.

Em conversas individuais exercito esta mesma disciplina. Se preciso ter uma conversa significativa com um colega, escrevo meus pensamentos em um diário antes mesmo de entrar na sala de reunião. A outra pessoa provavelmente se lembrará de algumas frases da nossa conversa, por isso sempre tenho o desejo de trabalhar duro para selecionar frases precisas de impacto.

[1] **Hybels, Bill. Descontentamento santo. São Paulo: Vida, 2008.**

Por exemplo, se existe um problema sério de desempenho por parte de um membro da equipe — especialmente se essa pessoa foi confrontada por outras antes de meu encontro com ela — devo olhar para ela e dizer: "Este é o seu chamado de emergência. Aquilo com que você está lidando aqui e agora carrega o nível máximo de urgência e de importância. Se esse comportamento não mudar — *imediatamente* — você será convidado a deixar a equipe. Isso é o que eu gostaria que você lembrasse ao sair desta sala hoje. Chamada de emergência... está claro?".

Normalmente está.

Em outras situações, nas quais a outra pessoa talvez *acredite* que o perigo seja grande quando ele de fato não é, deixo claro logo no início da conversa: "Este assunto é importante, mas, por favor, entenda: não estamos em uma emergência. Não há luzes vermelhas piscando, não há sirenes soando, não há agentes secretos revistando seu escritório enquanto você está aqui. Você me entende?".

"O que *estou* dizendo", eu continuo, "é que durante um período razoável de tempo, seu líder e eu precisamos ver uma melhoria dramática nesta área. A única coisa que eu quero hoje é o seu compromisso sério de melhorar. Combinado?" → Seriedade

[A linguagem importa! As palavras certas farão com que a visão fale mais alto. Frases cuidadosamente escolhidas podem fazer planos estratégicos soar como brados de reagrupamento.] Faça o trabalho, e você experimentará o retorno.

LINKS

33 Apenas diga o que está pensando! — p. 128

46 Preocupe-se com as pequenas coisas — p. 167

agem m

2 Aposte alto

Liderança tem muito a ver com pedir. Após moldar visões ousadas, os líderes pedem às pessoas que os ajudem a torná-las realidade. Líderes descrevem problemas prementes que estão colocando em risco o sucesso da missão e então pedem às pessoas que dediquem seus melhores pensamentos e suas ideias mais inovadoras para resolvê-los. No trabalho da igreja, os líderes pedem aos que buscam por espiritualidade que pensem em Cristo. Pedem aos crentes que cresçam em sua fé. Pedem a membros da equipe de trabalho o melhor do seu tempo, dinheiro, energia e coração — tudo porque creem firmemente na causa que estão perseguindo.

Assim, percebi há muito tempo que "pedir" seria sempre uma parte importante do meu papel de liderança. O que *não* sabia é que eu quanto mais liderasse, maiores ficariam os meus "pedidos". Não tive escolha: Deus estava dando grandes visões à minha mente e ao meu coração, e a única maneira de elas se tornarem realidade era se eu fizesse alguns pedidos.

Um dos maiores desafios que comandei envolveu um esforço de expansão que fizemos na Willow. Até onde eu sabia, ele iria requerer a maior campanha financeira jamais tentada por uma igreja local. Os riscos eram enormes, e eu com frequência lembrava a mim mesmo que teria de ser absolutamente descarado para pedir às pessoas que se unissem a mim nesse empreendimento enorme e que glorificaria a Deus.

E pedi descaradamente... publicamente, em particular e em oração.

No fim, Deus operou de forma poderosa e o resultado foi o lançamento de muitas propriedades regionais dinâmicas, um novo edifício magnífico localizado em Barrington e a crescente arrecadação de fundos para a

Percebi há muito tempo que "pedir" seria sempre uma parte importante do meu papel de liderança. O que eu não sabia é que, quanto mais liderasse, maiores ficariam os meus "pedidos".

WCA (Willow Creek Association). Mas ele também produziu uma percepção interessante: quando tratadas de modo apropriado, as pessoas ficam lisonjeadas ao serem convidadas a fazer coisas importantes para Deus. Ainda que nem sempre possam dizer sim — e elas *não podem* — com frequência se sentem honradas por receber um pedido sábio e oportuno.

Observei isto ainda mais claramente quando me vi do outro lado, como receptor de alguns grandes pedidos. Lidero a Willow há algumas décadas, e já recebi pedidos de autores para endosso de livros, de organizações para que eu servisse em seus conselhos, e de instituições beneficentes querendo doações financeiras expressivas para ajudar seus ministérios. É interessante que, cada vez que um desses grandes pedidos chegava, eu percebia que não ficava nem um pouco ofendido. Na verdade, eu me sentia muito honrado.

Quando alguém me pedia dinheiro, eu pensava: "Eles supõem que já tratei dos recursos financeiros que estiveram sob minha administração com tanta responsabilidade que terei a capacidade de fazer isso". Que elogio!

Eu me tornei um grande defensor de líderes que têm claro em sua mente a necessidade de grandes pedidos e o modo de fazê-los sabiamente, porque quando são bem feitos podem formar relacionamentos. Quando são bem feitos, raramente há algum aspecto negativo.

Deixe-me oferecer uma estrutura simples que mantenho à mão para que, sempre que Deus me estimule a fazer um grande pedido, eu esteja pronto. Primeiro, é importante estabelecer o contexto. Na maioria das vezes à mesa do almoço eu direi: "Deus me guiou a desafiá-lo com algo hoje, mas, por favor, saiba de antemão que, aceite você o desafio ou não, ficaremos bem. Meu alvo aqui é ser obediente ao estímulo de Deus e não forçá-lo a fazer algo. Não tenho nenhum apego ao rumo que você escolher ao final de nossa conversa hoje. Ele não afetará nossa amizade ou meu respeito por sua pessoa, porque isto não é entre mim e você, mas entre você e Deus. Até aqui estamos juntos?".

Segundo, quando faço um pedido, faço o mais clara e sucintamente possível. Em muitas ocasiões, sentei-me à mesa de jantar, de frente para alguém que busca por espiritualidade, e disse: "Hoje será a noite em que pedirei a você que receba Cristo. Você talvez não esteja pronto e tudo bem se for assim, mas quero analisar brevemente como o amor de Deus pode mudar um coração humano e então dar a você uma oportunidade de responder".

Sentei-me com pessoas que atuam no mercado e disse: "Em poucos minutos, vou pedir que você pense na possibilidade de juntar-se à nossa equipe ministerial. Antes que eu faça isso, no entanto, quero dar-lhe quatro razões por que o estou desafiando a unir-se à nossa equipe. Quando eu terminar, gostaria que orasse sobre deixar o seu trabalho e entrar em nossa equipe".

Sentei-me com altos executivos e disse: "Estou lhe pedindo que considere dispor do seu tempo como voluntário em nossa diretoria". Sentei-me com bilionários e disse: "Gostaria de pedir-lhe que orasse sobre contribuir mais com o dinheiro que você ganha com suor aos propósitos de Deus no mundo".

Por certo, às vezes fico um pouco nervoso e sinto um nó na garganta durante conversas assim, mas não há escapatória para o fato de que a liderança eficaz requer crescimento nessa habilidade. E eu sei que, com quanto mais confiança eu fizer isso, melhor todos ficarão.

Após fazer o pedido, sempre sugiro que a outra pessoa o leve diante de Deus e me responda depois, em um prazo previamente estabelecido. "Podemos nos encontrar novamente em uma semana [ou duas ou quatro] para conferirmos em que ponto você está?", pergunto. Às vezes esse encontro subsequente produz um não. Com a mesma frequência, no entanto, tenho tido pessoas que me retornam com um "Ei, estou dentro! Levei seu pedido a Deus, e ele me deu sinal verde!".

[Novamente, quando fazer um pedido é tratado de maneira espiritual e relacionalmente inteligente, é raro haver algum inconveniente. Independentemente do resultado, ele é positivo.]

A natureza do ser humano é tal que temos a tendência de não sermos *conduzidos* a melhores comportamentos. Normalmente temos de receber um *pedido* de alguém para considerarmos levá-lo a adiante.

Em minha vida, raramente dei um considerável passo adiante — espiritualmente, psicologicamente, emocionalmente ou qualquer outro — a menos que alguém me pedisse para dá-lo. Ao longo do caminho, alterei radicalmente meus hábitos alimentares e físicos porque líderes excepcionais me pediram que eu considerasse tornar-me uma pessoa mais saudável. Canalizei recursos na direção de boas causas porque líderes corajosos me pediram para ajudá-los a obter uma visão convincente. Tenho sido um pai mais organizado, apoiado minha esposa com maior dedicação, praticado disciplinas espirituais mais fielmente e aumentado o investimento em meu desenvolvimento como líder, apenas para mencionar algumas coisas, tudo porque líderes corajosos me pediram.

E em cada uma das vezes, pensava: "Talvez eu tenha de subir um nível. Nunca havia pensado muito sobre isso até agora".

[Se você está em busca de uma visão corajosa, um dos maiores dons que pode dar às pessoas ao seu redor é o de colocar-se em frente a elas, olho no olho, e pedir-lhes para que deem um passo e façam algo grande para Deus. Faça isso bem e você trará glória a Deus, honra à outra pessoa e recursos muito necessários ao seu ministério.] *

LINKS

8 Contrate os melhores — p. 50

22 Nunca responda "não" por alguém — p. 96

64 Você está esperando por outra vida? — p. 224

3 Você sempre está em determinada fase

Todos os tipos de estudos estão sendo feitos atualmente para provar a importância da autoavaliação na vida de um líder. Concordo com isso 100%: a qualquer momento, você tem de estar apto para voltar atrás e avaliar seu desempenho como líder e para aonde vai, o que está funcionando bem e o que não está. Mas sempre acreditei na importância de fazer o mesmo tipo de coisa com respeito à organização que lidero.

Entro e saio de igrejas locais quase toda semana e adoro testar a consciência organizacional dos líderes ao fazer uma pergunta objetiva: "Em que fase você está como igreja?". Os líderes mais perceptivos que conheço respondem sem piscar os olhos: "Estamos atualmente em uma época de crescimento" ou "Estamos em um platô há muito tempo e as pessoas estão ficando frustradas" ou "Nossos voluntários estão esgotados e provavelmente precisaremos diminuir o ritmo e deixar que recuperem o fôlego" ou "Passamos por mais ciclos de mudança nos últimos noventa dias do que seria o previsível, mas as coisas aos poucos estão começando a se assentar".

Uma responsabilidade-chave do líder é saber em qual momento a organização está e comunicar as implicações desse momento a seus seguidores.

Uma fase fácil de identificar é a do *crescimento*. Em um momento assim, tudo é azul. A frequência é alta, as contribuições são crescentes, os programas prosperam e o futuro parece ser brilhante. Em tempos como esse, os líderes têm de ser conscientes o bastante para dizer:

"Olhem, todos, estamos passando por um momento ótimo aqui. Concentremos *todas* as nossas energias para acender o fogo do crescimento. Aproveitemos essa fase e a exploremos ao máximo enquanto pudermos. Vocês sabem tanto quanto eu que ela não irá durar para sempre, mas, enquanto durar, agradeçamos a Deus por ela e vejamos por quanto tempo podemos mantê-la!".

Outra fase poderia ser chamada de *consolidação*, que normalmente segue a fase do crescimento.

O objetivo durante a consolidação é assimilar e apoiar as pessoas que apareceram durante todo aquele crescimento. Recém-chegados tipicamente necessitam de discipulado, comunidade e cuidado. Investir em sua infraestrutura e proteger seus ganhos recentes prova que você é digno da confiança em relação ao crescimento que Deus graciosamente dá. A consolidação efetiva dá a você a permissão para entrar em outra fase de crescimento em algum ponto do futuro.

Outra fase com a qual os líderes estão familiarizados é a da *transição*. Ela pode começar quando vários líderes abandonam tudo de uma vez, e tudo e todos se sentem desestabilizados e instáveis. E pode se complicar por fatores externos como um período de baixa atividade na economia local ou uma grande reviravolta na comunidade, e os líderes são aqueles que devem dar voz e linguagem a essa realidade. Devem explicar por que esta fase está ocorrendo, o que ela significa e como passar por ela.

Uma responsabilidade-chave do líder é saber em qual momento a organização está e comunicar as implicações desse momento a seus seguidores.

Uma estação que a maioria dos líderes teme é a do *mal-estar*. Nela as coisas ficam excepcionalmente nebulosas, banais e paralisadas. Tudo parece antiquado e não se vê agitação. "Precisamos chacoalhar essa organização", o líder poderia dizer, "pois, se não fizermos isso, o mal-estar pode se tornar permanente. E quem quer isso?"

Finalmente, há a *reinvenção*. Ela acontece quando o líder anuncia que é tempo de colocar todos os ministérios da igreja sob o microscópio e discernir qual necessita de uma cirurgia plástica facial, de uma revisão geral ou de um funeral — um exercício necessário de poda para abrir espaço para crescimento futuro.

Essas fases de liderança nos reportam a Eclesiastes 3.1, que diz que "para tudo há uma ocasião certa; há um tempo certo para cada propósito debaixo do céu". A maioria dos líderes acena a cabeça em sinal de consentimento a esta linha de pensamento, mas, ao mesmo tempo, por negligência não diz a seus seguidores em qual fase eles estão! E, baseado em minha experiência, as pessoas sentadas em sua organização não terão nenhuma pista da fase em que se encontram a menos que você lhes diga.

Faça a si mesmo e a seus liderados o favor de aprender a identificar a mudança de fases em seu ambiente. Quando você vir o crescimento florescer, a transição se estabelecer ou sentir os dias frios do mal-estar chegarem, preste atenção à mudança. Dê voz às realidades dessa estação. Estabeleça uma linguagem apropriada, determine parâmetros úteis que ajudarão a superá-la e, confiantemente, ofereça soluções de como passar por ela. Você sempre estará em determinada fase, líder. É seu papel saber qual é a estação e o que fazer a respeito dela.

LINKS

4 Crescimento explosivo = desastres dramáticos — p. 35
65 Lidere com todo o interesse — p. 228

cresci

4

Crescimento explosivo = desastres dramáticos

A maioria das pessoas não está consciente de que em certos lugares do mundo a igreja local está experimentando um crescimento fenomenal — crescimento que soa como o tipo de crescimento descrito em Atos 2.47, onde lemos que o Senhor "lhes acrescentava diariamente os que iam sendo salvos".

De vez em quando, janto com um pastor de uma dessas igrejas que têm experimentado crescimento rápido e ouço palavras como estas: "Bill, temos passado por uma fase de crescimento explosivo. Fizemos um evento evangelístico, crescemos por volta de 50% em trinta dias e ainda estamos de boca aberta com o que está acontecendo!".

Não importa a qual tipo de igreja você sirva e em que continente, a tentação de todos os líderes de igreja que têm sido abençoados com o crescimento dado por Deus é a de alegrar-se totalmente na chegada de novas pessoas e esquecer de planejar como assimilar essas pessoas em seus ministérios.

Conhecendo tão bem essa dinâmica, eu olho para o pastor empolgado e digo algo como: "Que bom! Estou muito contente que você esteja fazendo avanços para o Reino! Realmente, agradeço a Deus com você! Posso apenas fazer uma pergunta? Suas estruturas e sistemas internos são capazes de suportar todo esse crescimento?".

O olhar silencioso normalmente responde à minha pergunta.

Não importa a qual tipo de igreja você sirva e em que continente, a tentação de todos os líderes de igreja que têm sido abençoados com o crescimento dado por Deus é a de alegrar-se totalmente na chegada de novas pessoas e esquecer de planejar como *assimilar* essas pessoas em seus ministérios. Eles acrescentam algumas centenas de pessoas em um período muito curto de tempo para então perceberem, de repente, que não têm espaço de estacionamento, que precisam de cinquenta voluntários para o trabalho infantil e que, ao colocarem cadeiras extras nos corredores, estão violando vários códigos de segurança.

Certa vez na Willow orquestramos um plano de evangelização massivo dentro da nossa congregação. Durante as primeiras semanas que antecederam ao evento nos reunimos como equipe de liderança e imploramos a Deus que ungisse o nosso esforço. Graciosamente ele assim o fez. Em grande quantidade.

Fomos inundados por novas pessoas que vieram conhecer a igreja e, para o nosso horror, não tínhamos estacionamento suficiente para acomodá-las. Havia centenas de carros amontoados por todo o estacionamento — tanto chegando *quanto* saindo. Adultos vestidos com roupas elegantes andavam com dificuldade pelos espaços com grama e barro para chegarem à porta da frente do templo. Crianças eram empurradas para dentro de salas de aula já lotadas e orientadas a sentar-se em silêncio em um espaço abarrotado, por uma hora e meia. Estou falando de um desastre sistêmico de proporções dramáticas! Dizer que ficamos constrangidos seria uma meia-verdade. Foi terrível. Deus fez a parte dele. Nós é que não fizemos a nossa.

Nossa empolgação por causa de todo esse novo crescimento foi rapidamente dissolvida pela dolorosa realidade de que "pisamos na bola". Na verdade, tínhamos pisado em *dezenas* de bolas. Estávamos tão concentrados com nossos planos de receber novas pessoas em nossa igreja que fracassamos em suprir a infraestrutura necessária no evento para que todo o planejamento frutificasse.

Meu conselho valioso? [Tenha um plano corajoso de crescimento explosivo! Espere que Deus responda às suas orações fervorosas e faça a parte dele em colocar pessoas no seu caminho. Apenas certifique-se de atender às necessidades que todo esse crescimento trará. E ao mesmo tempo arregace as mangas e descubra como você irá assimilar essas novas pessoas para que um dia todas elas se rendam plenamente a Cristo e se integrem à sua igreja.]

LINKS

3 Você sempre está em determinada fase — p. 32

15 Os perigos do gradualismo — p. 71

46 Preocupe-se com as pequenas coisas — p. 167

5 Visão: pinte o quadro com paixão

Em 1774 um líder chamado John Adams declarou corajosamente: "Vejo, um dia, a união de treze estados, uma nova nação, independente do parlamento e do rei da Inglaterra". Ele foi o primeiro a expressar essa ideia publicamente. Poucos anos depois, contra todas as expectativas, os Estados Unidos da América nasceram.

Quinze anos mais tarde, um inglês chamado William Wilberforce colocou-se diante do parlamento britânico e discursou pedindo pelo dia em que os escravos não mais seriam comprados e vendidos como animais de fazenda. Várias décadas se passaram até que isso acontecesse, mas por fim o tráfico de escravos foi abolido oficialmente em todo o Reino Unido.

No final do século XIX os irmãos Wright imaginaram um dia quando as pessoas voariam pelo céu a bordo de uma cápsula de metal com asas. Dez anos depois, em 17 de dezembro de 1903, o avião dos Wright fez sua primeira aterrissagem na areia de uma praia na Carolina do Norte.

Na década de 1940, Billy Graham e alguns colegas de faculdade reuniram-se e sonharam encher estádios por todo o mundo apresentando o evangelho às pessoas que estavam longe de Deus. Partindo desse sonho e do esforço que empreenderam, 215 milhões[1] de pessoas ouviram a mensagem do evangelho e bem mais de um bilhão a ouviu via rádio e televisão.

De uma forma mais pessoal, em 1973, o Dr. Gilbert Bilezikian postou-se atrás de um púlpito em uma sala de aula de uma faculdade e

[1] Disponível em: <http://www.billygraham.org/mediaRelations/bios.asp?p=1>.

compartilhou seu sonho de construir uma igreja comum — uma comunidade de fé funcionando biblicamente nos moldes de Atos 2 e que fosse relevante para o seu tempo. Falou de uma igreja que alcançaria os perdidos com o evangelho e assimilaria essas pessoas no corpo de Cristo, as capacitaria e as revestiria de poder para servir. Ele sonhou com uma igreja que ajudaria a cuidar dos pobres, convidando-os a ter comunhão uns com os outros e a glorificar a Deus em tudo.

Algo em comum em todos esses líderes é o seguinte: todos tinham *visão*.

No cerne da liderança está o poder da visão que, em minha opinião, é a arma ofensiva mais potente no arsenal do líder. Ela tem sido definida por dezenas de modos, mas, para mim, a articulação mais simples de visão é que ela é um "retrato do futuro que produz paixão nas pessoas".

Um país novo em folha, jovem e livre, com as algemas da escravidão quebradas de uma vez por todas. Pessoas cruzando um céu claro e azul. Milhares de mulheres, homens e crianças erguendo-se e inundando o altar nos primeiros acordes de "Eu venho como estou". As igrejas de Atos 2 invadindo o mundo moderno. Qualquer que seja a visão, se ela produzir quantidade poderosa de paixão naqueles que a ouvirem, já estará em vias de ser conquistada.

Para você talvez seja a imagem de uma criança faminta sendo alimentada e tendo sua vida salva. Talvez seja uma imagem de uma pessoa desabrigada encontrando um abrigo. Talvez seja a visão de uma igreja agonizante sendo revitalizada ou de uma pessoa perdida encontrando a fé ou de um voluntário achando um ministério que use com perfeição seus dons dados por Deus. Talvez seja uma pessoa solitária encontrando uma comunidade ou um artista finalmente usando seus dons criativos para servir a Deus. Há tantas imagens

Há tantas imagens visionárias do futuro quanto há líderes entre nós. E, quando Deus finalmente trouxer clareza e firmeza de visão à vida de um líder, tudo *mudará para melhor.*

visionárias do futuro, quanto há líderes entre nós. E, quando Deus finalmente trouxer clareza e firmeza de visão à vida de um líder, *tudo* mudará para melhor.

Quando ouvi o Dr. B pela primeira vez no Trinity College compartilhando sua visão da vida em uma comunidade cristã que funciona biblicamente, experimentei emoções que nunca havia sentido. Às vezes, enquanto ele falava sobre o potencial de uma igreja local, eu sentia paixão tão intensamente que mal podia segurar minhas lágrimas. Outras vezes eu queria pular e gritar: "Pessoal, é isso! Vocês não enxergam? Não sentem? A igreja local é a esperança do mundo! É a agência redentora criada por Deus da qual depende todo o futuro do mundo inteiro. Cancelem seus planos de carreira! Façam algo importante com sua vida, que é única! Deem-na pela causa da igreja local!".

Isso foi há mais de trinta anos, e eu ainda me lembro daqueles sentimentos tão vividamente como se fosse hoje. Na verdade, se você colocasse um monitor cardíaco em meu peito hoje enquanto alguém falasse sobre a beleza, o encanto ou o potencial da igreja local, meu coração teria um colapso e você leria na tela: "Perigo, perigo, perigo!".

A igreja local ainda desperta em mim os mais profundos sentimentos. Nada mais produz isso em meu coração. Tenho tido algumas experiências estimulantes em minha vida, mas elas são pálidos vislumbres se comparadas a como meu coração se agita em se tratando de dar a minha vida para ajudar a renovar a igreja local. Visão e paixão estão intimamente ligadas na vida de um líder. Deus fez com que fosse assim. Quando tiver olhos para enxergar a visão que Deus lhe deu, você saberá por que o seu coração sentirá isso tão profundamente que, com o tempo, qualquer incerteza recorrente desaparecerá.

Líderes, não se desculpem pela força do sentimento que vocês têm pela visão que Deus colocou na sua vida. Não escondam seus sentimentos em relação a ela. Deus os fez para que a sentissem com mais profundidade do

visão:

que sentem qualquer outra coisa. E é isso mesmo o que eu disse! *Qualquer outra coisa*. Apresente sua visão dada por Deus à família, aos amigos, aos colegas e a estranhos, se eles escutarem. Apresente-a o mais colorida e apaixonadamente que puder! Apresente-a para que o coração das pessoas seja tocado o suficiente para gritar: "Conte comigo!".

LINKS

1 A linguagem importa — p. 23

13 O tempo enfraquece a visão — p. 66

66 No fundo do meu ser — p. 231

6 Manobra radical

No tempo em que nem cinto de segurança nem assentos para crianças eram obrigatórios, minha filha Shauna se sentava ao meu lado no descanso de braço do velho Chevrolet Impala que eu guiava.

Certa manhã ela e eu tínhamos carregado o carro para algumas pequenas viagens de trabalho e, enquanto eu acelerava já em uma via principal, olhei para trás a fim de certificar-me de que ela estava segura em seu assento provisório. Naquela fração de segundo entre olhar para trás e voltar os olhos para frente a fim de ver o tráfego, um carro apareceu do nada. Sentindo que não tinha outra opção, pisei fundo no acelerador. O outro carro passou muito perto antes de sair da pista. Foi por muito pouco, e eu morri milhares de mortes no espaço das seis respirações ofegantes que se seguiram. E se aquele carro tivesse nos atingido? E se Shauna tivesse se ferido ou morrido?

Minha mente funcionava em alta velocidade enquanto eu tentava pensar num modo de pedir desculpas a essa menininha que, por minha causa, quase não completava seu quinto aniversário, quando ela interrompeu meu pensamento com três palavras simples: "Manobra radical, papai".

Não era a primeira vez que Shauna me surpreendia com sua perspicácia. Aos quatro anos, ela podia verbalizar coisas melhor que pessoas muito mais velhas. Fiquei tão tocado pelo humor do seu comentário que, assim que chegamos em casa, contei toda história a Lynne e a meus amigos mais próximos. Certa vez contei a toda a igreja durante o culto de domingo. E, por fim, a frase pegou.

Atualmente, costumamos usá-la para descrever planos corajosos, de alto risco, que Deus poderia usar de um modo especial. Recentemente ouvi um *creeker* (meu apelido carinhoso para um membro participante da Willow Creek) contando a um de meus colegas que estava tentando convencer todos os seus vinte executivos graduados a vir para o nosso encontro anual de liderança. Meu colega, de olhos arregalados, disse simplesmente: "Manobra radical!".

Quando você rotula alguma coisa em uma cultura, dá a ela identidade. Você a legitima e, ao fazer isso, aumenta a probabilidade de enxergar esse comportamento em bases cada vez mais crescentes. Por quê? Porque as pessoas se tornam heróis organizacionais quando a exibem!

Com o passar dos anos, meus colegas de equipe e eu começamos a notar que a razão principal pela qual estávamos fazendo progressos significativos como igreja foi que tínhamos pessoas suficientes para fazer "manobras radicais". Elas estavam tendo pensamentos novos, concebendo programas inovadores e interessantes, e confiando em Deus para realizar atividades que promovem o Reino em seu meio.

O que tem sido verdade para nós é verdade para você também: você nunca subirá montes altos sem manobras radicais.

O que tem sido verdade para nós é verdade para você também: você nunca subirá montes altos sem manobras radicais. A alternativa é o gradualismo, que é perigoso e na maioria das vezes mortal para as organizações. O gradualismo diz: "Vamos aumentar a eficiência de nossos esforços atuais em 2% ao ano e então esperar que um *grande* aumento em eficiência ocorra em algum momento no futuro!". Isso raramente funciona.

O gradualismo e a inovação geram parceiros terríveis. Faça algumas manobras radicais ou você dará seu último suspiro como líder muito em breve.

A escolha é sua.

LINKS
12 É preciso aventurar-se — p. 63
15 Os perigos do gradualismo — p. 71

7 UM PROPRIETÁRIO OU UM ASSALARIADO

Atos 20 e 21 registram a história da despedida emocionada do apóstolo Paulo de alguns companheiros líderes, enquanto se aprontava para entrar em um barco e navegar para sua missão seguinte. A igreja que ele havia iniciado com um punhado de amigos crescera como capim e Paulo estava feliz como nunca. Mas agora Deus tinha algo novo para que ele fizesse. O Espírito o estava compelindo: "Paulo, quero que você espalhe minha palavra em Jerusalém assim como fez em Éfeso".

Por mais empolgante que um novo chamado do céu pudesse soar, Paulo sabia que esse seria complicado pelo fato de que os cristãos em Jerusalém estavam sendo presos, açoitados e mortos. O risco era ridiculamente alto, mas Paulo havia ouvido claramente a Deus. Assim, em resposta a essa nova visão que ele fora convidado a tornar realidade, Paulo ofereceu como resposta uma palavra poderosa com apenas três letras: *sim*.

Ele renunciou à sua igreja, fez as malas e partiu para Jerusalém. Em um porto ao longo do caminho, Paulo foi interceptado por um profeta que obviamente questionou seu juízo. "Você não tem ideia do que o aguarda ali, Paulo! Se insistir em fazer essa viagem, ela muito provavelmente custará a sua vida."

"Mas ela é uma visão de Deus", respondeu Paulo. "*Tenho* de cumpri-la."

O profeta ficou perplexo. Em uma das narrativas mais estranhas do Novo Testamento, ele tomou o cinto de Paulo, deitou-se no chão e amarrou suas próprias mãos e pés como um bezerro laçado em um rodeio. Se Paulo recusou-se a ouvir as palavras do profeta, talvez uma imagem esclarecesse as coisas. "Será que você não entende? Olhe para mim! Se colocar os pés na fronteira de Jerusalém, Paulo, você será preso, espancado e morto!"

Paulo em resposta disse: "Acho que é *você* quem não entendeu! O Deus do céu e da terra confiou-me uma missão. Estou pronto não apenas para ser preso e espancado, mas para morrer em Jerusalém pelo nome do Senhor Jesus Cristo, caso seja necessário!".[1]

A seguir, quando o profeta discerniu que Paulo não conseguiria ser dissuadido, disse: "Então seja feita a vontade de Deus".[2]

A passagem me toca profundamente toda vez que a leio. E me tocou novamente agora. Os líderes devem trabalhar com essa ideia de quão seriamente levaremos a cabo nossas visões dadas por Deus. Trata-se de um diálogo entre Deus e o líder somente, mas as implicações desse diálogo são enormes. Líderes sábios entendem que o grande fator que determinará se os seguidores abraçarão de maneira profunda uma visão é quanto esses líderes acreditam que o *líder* a abraçará.

Líderes sábios entendem que o grande fator que determinará se os seguidores abraçarão de maneira profunda uma visão é quanto esses líderes acreditam que o líder a abraçará.

Aprendi a duras penas que você não consegue enganar as pessoas nessa questão. Elas enxergam, cheiram e sentem até onde vai o seu compromisso com a visão. Elas sabem se você é o "proprietário do negócio" ou um assalariado — "uma mão-de-obra contratada", como Jesus chamou as pessoas indiferentes que trabalhavam no negócio de proteção de ovelhas de seus dias. Você conhece os tipos: eles estão comprometidos com a visão que Deus lhes deu para fazer cumprir até que as coisas se compliquem, que o preço

[1] Atos 21.13, paráfrase nossa.

[2] Atos 21.14, paráfrase nossa.

fique muito alto, o fator diversão seja ofuscado pelos desafios onerosos e a lua-de-mel seja dada por encerrada.

Baseado em evidências empíricas, seus seguidores formularão uma análise da profundidade de seu compromisso e ajustarão o compromisso deles de acordo com o seu. Seus seguidores recebem instruções de você. Eles somente se sacrificarão pela visão se você se sacrificar. Somente levarão um tiro pela causa se acreditarem, sem sombra de dúvida, que você fará o mesmo. Você é um assalariado indiferente, sem valor? Ou é um proprietário completo? Seus seguidores estão muito curiosos sobre a sua posição e, com o tempo, todos chegarão a uma conclusão.

Meses atrás eu estava no fim de uma viagem internacional extenuante, acompanhado de dois diretores da Willow Creek Association (WCA) na fila da alfândega no aeroporto de Johannesburgo. Nosso destino era a América do Sul, um voo relativamente curto a partir daquele ponto. No entanto, seria a parada final dessa viagem de três semanas antes de regressarmos para casa. Eu estava cansado, mas sentia ter mais um país em mim.

Meus colegas passaram pela alfândega sem dificuldade; e depois chegou a minha vez. Eu recebera um novo passaporte antes de sair dos Estados Unidos porque o meu antigo estava todo preenchido e aparentemente alguém em meu país havia se esquecido de incluir meu visto brasileiro para esta viagem. "Lamento, sr. Hybels", o funcionário sul-africano disse, "mas o sr. não pode ir para o Brasil sem esse visto."

Minha frustração passou quando percebi que esse erro obviamente significava que eu chegaria em casa com alguns dias de antecedência. Legal!

Ou talvez não.

Gary Schwammlein, o diretor internacional da WCA, olhou para o funcionário e perguntou como poderíamos resolver o problema do visto.

"Bill tem de estar em nossas reuniões no Brasil", ele explicou, como se isso subvertesse a política governamental.

"Há somente uma maneira de ele chegar lá", disse o funcionário. "O sr. Hybels pode voar para Dacar, Senegal" (um voo muito longo e não exatamente um destino para descansar), "de lá voar para Washington D.C., obter o visto da embaixada brasileira, e então voar para o seu destino final na América do Sul."

"Bem, isso resolve o *problema*", eu disse reflexivamente. Sabia que ninguém esperava que eu passasse por tudo isso por causa de uma parada final.

Ou *quase* ninguém.

Gary olhou para seu colega e então para mim e disse: "Você sabe, Bill, não estamos pedindo para que você leve uma surra ou derrame sangue..."

Ele deixou esse esclarecimento suspenso no ar antes de sorrir e continuou: "Só estamos pedindo que você assista a outro *monte* de filmes".

Eu não ri de volta.

Fui para o hotel e briguei com Deus por várias horas. "Não fui eu quem errou. Outras pessoas me deram o passaporte e causaram essa confusão, não eu!"

Deus permaneceu inabalável.

Ao final de minhas racionalizações, tudo o que ouvi foi uma voz pequena e suave dizendo: "Eu lhe dei uma incumbência, Bill, e ela inclui o Brasil. Cristãos antes de você se dispuseram a pagar um preço muito mais alto que andar em aviões modernos e assistir a filmes por mais vinte e cinco mil quilômetros. Vá".

Eu fui. Voei para Dacar e depois até Washington, onde peguei filas imensas por muitas horas para obter um novo visto; então voei a noite inteira até o Brasil. Na chegada, tive uma reunião com um grupo de pastores da qual me lembrarei o resto da minha vida.

obrietár

Finalmente, em meu caminho de volta a Chicago, não consegui deixar de pensar na perda enorme que eu sofreria se não tivesse tido aquele tempo poderoso de encorajamento mútuo na América do Sul com homens e mulheres que estão graciosa e apaixonadamente combatendo o bom combate pelo Reino todos os dias de sua vida. Que inspiração!

Em algum ponto da sua jornada de liderança, todos os líderes recebem uma visão de Deus. Eles começam a fazer cumprir essa missão e se sentem extremamente privilegiados por estarem cumprindo a ordem de Deus aqui na terra. Então, no entanto, surge uma bifurcação. Um caminho leva à condição de *assalariado*, o outro à de *proprietário*. Observo líderes chegar a essa intersecção o tempo todo e fazer suas escolhas. Alguns seguem no caminho do assalariado, o que acarreta devastação para todos. A visão passa a girar em torno deles, de suas carreiras, sua fama, seu sucesso. Pessoas com discernimento ao redor deles dizem: "O que aconteceu? Você nunca foi assim antes!". E, um a um, seguidores-chave caem fora. Eles têm de fazer isso; o acordo mudou.

O líder conformado à nova realidade talvez até continue a liderar, mas por fim todos concluem que Deus nunca abençoará completamente os esforços daquele assalariado. Quando esse tempo chega, é fim de jogo, e ele está fora.

Outros líderes chegam a essa intersecção crítica e escolhem o caminho do *proprietário*. Eles dizem: "Deus, o Senhor me deu essa visão e é o seu poder que a alimenta, o seu povo quem a está realizando e é por sua glória somente que estamos lutando. Aqui e agora mesmo eu lhe digo novamente que pagarei qualquer preço para realizar esta visão, para que um dia, quando eu alcançar a linha de chegada, seja capaz de dizer, como Paulo, que combati o bom combate".

Esses líderes acordam todos os dias prontos para batalhar em prol de suas visões dadas por Deus por uma razão bem simples: sua recompensa está chegando. "Muito bem", Cristo promete dizer a eles. "Muito bem. Você lutou como um proprietário, o tempo todo até o fim". Tome o caminho do proprietário, meu amigo. Seus seguidores irão notar e serão inspirados a fazer grandes coisas para a glória de Deus.

LINKS

29 Velocidade do líder, velocidade da equipe — p. 117

54 Todo soldado merece comando competente — p. 193

8 CONTRATE OS MELHORES

Por mais que eu odeie usar uma escala numérica para descrever a eficiência de um líder, ela ocasionalmente serve a um propósito. Digamos que um líder ministerial receba nota cinco na eficiência como líder, em uma escala de dez. Ele trabalha duro, mas não assume a responsabilidade de melhorar como líder e não busca um mestre ou mentor. A nota cinco parece que permanecerá por muito tempo.

Por mais triste que seja, o fator complicador das coisas é que um cinco jamais pode atrair, motivar ou cativar as pessoas que tenham uma nota *maior* na escala de eficiência. Os que têm cinco podem recrutar, mobilizar e reter os que têm quatro, três, dois e um, mas, não importa quanto se esforcem, os que têm cinco não podem liderar os que têm seis, oito ou dez. Do mesmo modo, os que têm oito podem conduzir e capacitar os que têm sete e seis, mas dê a eles os que têm nove e estes em breve cairão fora. A liderança funciona assim.

Um dia me ocorreu que meu objetivo como líder experiente precisava ser não apenas o de assumir a responsabilidade de melhorar meu próprio nível de eficiência para que pudesse permanecer firme no oito, no nove ou no dez, mas também cercar-me de pessoas que estivessem o mais próximo possível do meu nível. Isso porque coletivamente, enquanto fôssemos capazes de atrair pessoas que tivessem uma nota *igual* ou *inferior* na escala de eficiência na liderança, nunca recrutaríamos ou manteríamos as que estivessem acima de nós. Ainda hoje constantemente desafio minha equipe a fazer o seu melhor para subir seu nível por meio da participação no desenvolvimento e treinamento de líderes e lendo tudo o que puderem.

Mas eu também os desafio a nunca deixarem de convidar líderes que estejam no mesmo nível que eles para se juntarem à nossa causa. Somente os líderes mais maduros podem vencer a grande tentação de relacionar a primeira pessoa calorosa, disposta e rara que encontrarem. Afinal, as pessoas que estão inferiores na escala são tipicamente mais maleáveis, menos difíceis de lidar e mais facilmente impressionadas com a valentia de um líder. Elas geram um ataque de ego espetacular. É um ataque, no entanto, que tem um preço alto, porque, quando é hora dessa pessoa convidar alguém para fazer parte da equipe, ela irá fazer o mesmo por pessoas com níveis de liderança assustadoramente baixos.

Com o tempo, o efeito principal de contratar pessoas menos eficientes que você é um número cada vez maior de líderes de má qualidade. Por fim, isso irá comprometer a qualidade da liderança na organização como um todo.

Treine e incentive os membros de sua equipe para que desenvolvam sua própria liderança e então aposte alto quando alguém precisar ser acrescentado à equipe. Encoraje-os a procurarem os líderes mais brilhantes, experientes e eficientes que puderem encontrar. Ao fazer isso, você irá atualizar continuamente a capacidade de liderança de sua organização.

Treine e incentive os membros de sua equipe para que desenvolvam sua própria liderança e então aposte alto quando alguém precisar ser acrescentado à equipe. Encoraje-os a procurarem os líderes mais brilhantes, experientes e eficientes que puderem encontrar. Ao fazer isso, você irá atualizar continuamente a capacidade de liderança de sua organização.

Tenho participado de vários cultos nos quais pastores têm zombado dos discípulos que Jesus escolheu, como se o Messias escolhesse mal e procurasse por desajustados. Não penso que este seja o caso, absolutamente. Na verdade, ele não se cercou de aristocratas. No entanto, uma análise cuidadosa de perfil revela que pessoas como Tiago, Pedro e Paulo — um líder *monstro* a quem Jesus fez uma aparição especial na estrada de Damasco — tinham alta capacidade de liderança. E, quando sua reputação de homens voltados para a ação e altamente capacitados foi empregada em favor do Reino, eles marcaram pontos de um modo que ficaria registrado em toda a história.

Talvez o mesmo seja dito a nosso respeito. A cada novato que convidarmos para o jogo, sejamos responsáveis por gradualmente *aprimorar* o talento de liderança da igreja local para que a nossa contribuição também possa entrar para a história.

LINKS

7 Um proprietário ou um assalariado — p. 44

29 Velocidade do líder, velocidade da equipe — p. 117

54 Todo soldado merece comando competente — p. 193

65 Lidere com todo o interesse — p. 228

68 Leia tudo que puder — p. 236

73 A excelência honra a Deus e inspira as pessoas — p. 249

9 O VALOR DE TROCA JUSTO

O valor de troca justo tem inspiração direta de 1Timóteo 5, que diz: "O trabalhador merece o seu salário" ou "é digno do que recebe".[3] Na grande maioria das organizações, com fins lucrativos ou não ou pertencentes ao setor público, os líderes tentam extrair *o máximo* de seus liderados em troca da menor quantidade de entrada — salário, benefícios, oportunidades de desenvolvimento, tempo de férias e assim por diante. Os líderes quase sempre querem os maiores resultados, os máximos esforços e o número máximo de horas a despeito de uma "troca justa".

Fico triste em dizer que as organizações cristãs também caíram na armadilha desse tipo de mentalidade. Algumas estão simplesmente sendo exploradoras, enquanto outras estão descapitalizadas e lutam por manter o valor de troca justo.

No final dos anos 70 e início dos 80, os membros da equipe da Willow, sob minha orientação, recebiam um terço do que deveriam estar recebendo. Nós tínhamos milhões de dólares em débitos por causa da aquisição da propriedade e de campanhas de construção e, embora estivéssemos fazendo o melhor para distribuir nossos recursos limitados de maneira justa, a verdade amarga era que, em se tratando de salários, a troca estava *longe* de ser justa.

No quinto ano dessa situação, o nível de satisfação da equipe começou a cair. Um dia, um de meus melhores funcionários veio ao meu escritório e disse que teria de nos deixar e aceitar um emprego no mercado. Eu fiquei chocado. "Estou muito satisfeito", ele explicou. "Eu amo esta igreja, amo a visão e amo a sua liderança. Mas tenho uma família para sustentar, sou

[3] 1Timóteo 5.18

o único provedor e se a minha esposa e eu quisermos permanecer nesta vizinhança e criar e educar nossos filhos nesta comunidade, terei de encontrar algo que seja um pouco mais... justo."

Foi a palavra *justo* que me pegou. Eu já nem lembrava por quanto tempo havia advogado o valor da justiça, e lá estava eu, perdendo um de nossos melhores trabalhadores por uma simples razão: eu estava violando o valor da troca justa.

O que comecei a perceber naquele dia é que os membros da equipe que alegremente trabalhavam na Willow nos primeiros dias, por um terço do que mereciam, secretamente esperavam que em algum momento no futuro a situação mudasse. Nunca pensaram que o sacrifício assumido duraria a vida inteira. Você pode imaginar a surpresa deles quando ano após ano me viam lançando mais programas de construção e contratando pessoas com baixos salários, em vez de usar os recursos para colocar seus salários no nível apropriado.

Eu já nem lembrava por quanto tempo havia advogado o valor da justiça, e lá estava eu, perdendo um de nossos melhores trabalhadores por uma simples razão: eu estava violando o valor da troca justa.

Voltemos à reunião com aquele membro da equipe que disse estar deixando equipe. Segundos depois de seu pedido de demissão perguntei: "Se eu conseguisse uma compensação justa, você consideraria a possibilidade de permanecer?".

Ele mal deixou que eu terminasse a pergunta, apertou minha mão e disse: "Sem dúvida nenhuma. Eu trabalharia aqui o resto da minha vida se pudéssemos resolver essa questão".

Trinta e dois anos depois, ele ainda está em nossa equipe.

LINKS
60 Pague agora, brinque depois — p. 210
67 Sempre pegue a estrada principal — p. 233

10 O VALOR DE UMA BOA IDEIA

Anos atrás eu estava em Málaga, Espanha, para treinar pastores, e por causa de horários de voo, tinha algum tempo livre depois de encerrada a reunião. Chovia muito, bem de acordo com o estado de espírito no qual eu me encontrava. Em minha terra natal, Willow estava em uma depressão — uma depressão que me incomodava todos os dias, mesmo do outro lado de um enorme oceano.

"Eu devo estar bem próximo de uma boa ideia que fará com que uma série de mensagens incendeie a igreja novamente", pensei. Então, fiz um pacto com Deus. "Vou percorrer essa praia até que o Senhor me dê uma boa ideia. Creio que o Senhor é um Deus bom e confiarei no Senhor para me ajudar."

Depois de gastar quatro horas andando com dificuldade na praia encharcada, começou a escurecer. Eu acalentara muitas ideias, mas nenhuma ideia *boa* emergira. "Estou confiando no Senhor em relação a isso, Deus. Uma boa ideia. E a essa altura estou implorando!"

Fiz meia-volta no fim da praia, tirei o acúmulo de água da chuva da dobra de minha jaqueta, e comecei outra volta quando se abateu sobre mim não apenas uma boa ideia, mas uma ideia *realmente* boa. "Deveríamos fazer uma série de sermões voltados ao evangelismo. Poderíamos chamá-la de 'Tenho um amigo que...' e poderíamos convidar a congregação inteira a participar da criação das mensagens."

Independentemente de como ela seria burilada, uma coisa era certa: Deus havia honrado meu pacto.

Corri de volta para o quarto do hotel e escrevi o máximo do que pude lembrar em relação à ideia. De volta aos Estados Unidos, compartilhei-a com minha equipe principal. Eles a adoraram e concordaram que deveríamos consultar a congregação para ver quais necessidades seus círculos de amigos tinham antes de confirmarmos o tema de cada semana. Assim, passávamos nossos cartões durante o culto do meio de semana e pedíamos a cada *creeker* que pensasse em seus amigos que não estavam ligados a uma igreja. "O que os impede de vir?" perguntei do púlpito. "O que os impede de confiar em Deus? Quais são os principais obstáculos que enfrentam? Deem as suas melhores ideias sobre essas questões e prepararemos as melhores mensagens e os melhores cultos que pudermos oferecer como resposta."

As três respostas mais votadas se tornaram os três temas da série: "Tenho um amigo que tem dúvidas sobre Deus", "Tenho um amigo que luta para equilibrar as demandas da vida", e "Tenho um amigo que pensa que todas as religiões são iguais". Recebemos aproximadamente mil pessoas durantes três finais de semana, e a maioria delas ainda está conosco hoje. Qual o valor de uma boa ideia? Mil vidas acrescentadas e dez mil vidas tocadas — tudo isso poderia resumir-se a um apelo desesperado a Deus em um dia chuvoso na Espanha.

Olhando para trás, agora vejo que *todos* os exemplos de sucesso que a Willow conheceu podem ser atribuídos a uma boa ideia. Por causa de uma boa ideia, lançamos um novo tipo de igreja em um cinema, em 1975. Por causa de uma boa ideia, o Leadership Summit nasceu. Por causa de uma boa ideia, o Global Summit emergiu. Por causa de uma boa ideia, séries de sermões foram criadas, ministérios foram iniciados, eventos de evangelismo foram organizados e novas estruturas organizacionais foram adotadas.

Líderes trafegam na criação de ideias. Os melhores líderes que conheço são ferozmente disciplinados no sentido de buscá-las e incrivelmente comprometidos em gerenciá-las bem.

> *Líderes trafegam na criação de ideias. Os melhores líderes que conheço são ferozmente disciplinados no sentido de buscá-las e incrivelmente comprometidos em gerenciá-las bem.*

Meu bom amigo Bob Galvin foi o cérebro e o coração por trás da trajetória de sucessos consecutivos da Motorola Corporation durante os anos 70 e 80. Quando ele era o leme operacional da empresa, fazia com que os líderes mais graduados viessem às reuniões estratégicas armados de centenas de boas ideias sobre como aumentar as vendas, melhorar a pesquisa e o desenvolvimento, ou gerar maior agitação de mercado. Você não podia entrar na reunião a menos que mostrasse sua lista. Por quê? Porque ele sabia o que pouquíssimos líderes sabem: a fim de lançar *uma* boa ideia, uma ideia inovadora que colocará a atividade da sua organização em alta rotatividade, você tem de permitir centenas ou até mesmo milhares de ideias medíocres. Afinal, se a sua grande constatação é a de número setenta e oito, você nunca descobrirá isso a menos que se discipline, e à sua equipe, a pensar nos números um a setenta e sete.

Grandes líderes também sabem quais pessoas devem ser convidadas a reuniões geradoras de ideias em primeiro lugar. Eles sabem quem irá trabalhar duro e aparecer com longas listas e quem não irá. E tentam fazer das reuniões uma grande festa!

No entanto, há mais. Quando uma ideia realmente boa surge, você tem de ser *fanático* por administrá-la bem. Grandes líderes mantêm um bloco de papel e uma caneta ao lado de sua cama para que a ideia seja capturada e não esquecida. Quando estou em viagem e me ocorre uma boa ideia, quase sempre mando um *e-mail* para minha assistente Jean, de meu fiel BlackBerry. Ela então recebe alguma mensagem cifrada de Dubai ou Cingapura que diz: "Por favor, coloque estas seis palavras em frente e no centro de minha mesa para quando eu retornar".

Ela não tem a mínima ideia sobre o significado daquelas palavras, mas me conhece bem o suficiente para saber que são o início de uma boa ideia. Uma boa ideia que talvez tenha um enorme impacto.

Às vezes, uma boa ideia pode simplesmente temperar um evento que antes era sem sal. Vários anos atrás, a Willow convidou o técnico da Liga Nacional de Futebol Americano (NFL) e proprietário de uma equipe da NASCAR Joe Gibbs para falar em nossos cultos de final de semana. Nossa equipe de programação reuniu-se para discutir os elementos criativos, o conteúdo da sua fala e as transições. Tudo parecia "ótimo", a música programada era excelente, o breve vídeo da vida de Gibbs que precederia sua palavra era ótimo, e estávamos certos de que a palestra em si seria ao menos "boa". Mas faltava algo.

"Pessoal, não há nada 'realmente ótimo' neste culto", eu disse. "Não há um único ponto no culto quando as pessoas coçarão a cabeça impressionadas, pensando: 'Como é que eles tiveram uma ideia tão criativa como essa?' "

Tínhamos vinte minutos até terminar nossa reunião, de modo que eu disse: "Tudo bem, tranquem as portas. Temos de resolver isso. Nenhuma ideia é tão estúpida ou tão bizarra para não ser considerada. Vamos estabelecer o céu como limite por alguns minutos e ver o que conseguimos".

As primeiras cinco ou seis ideias foram de fato estúpidas *e* bizarras, mas então um dos membros de nossa equipe de teatro falou. "E se tratássemos a transição entre o videoclipe e a palavra de Gibbs como um *pit stop*? Poderíamos colocar todo um grupo de auxiliares de palco vestidos com uniformes da NASCAR fazendo muito rapidamente dezenas de tarefas diferentes enquanto Joe sobe no palco."

Risos apareceram lentamente. Estávamos finalmente fazendo algum progresso.

Trabalhamos nessa ideia, aprimorando-a e acrescentando elementos ao plano original. O final de semana chegou, a primeira parte do culto correu bem e, antes de colocarmos no ar o vídeo que contava parte da história de Joe, nossa equipe de palco entrou em ação. Uma pessoa colocava o púlpito na posição correta enquanto outra apanhava uma garrafa de água para ele, limpando-a furiosamente como se ela fosse o para-brisa de um carro de corrida. No espaço de treze segundos, as coisas estavam em seus devidos lugares, todas arrumadas. Com o fim da atividade, os voluntários uniformizados saltaram sobre um poço falso e se lançaram sobre seus assentos na primeira fila, como se nada houvesse acontecido.

Isso deixou todo mundo extasiado e foi o destaque de todo o culto, até mesmo segundo a avaliação do próprio Joe Gibbs. Foi de fato uma boa ideia! (E não foi minha.) Mas exigiu que alguém a sustentasse. Você entendeu a mensagem.

LINKS

27 Tenha as pessoas certas ao seu redor — p. 112

43 Um dia de céu azul — p. 157

73 A excelência honra a Deus e inspira as pessoas — p. 249

11 Faça um fundo de reserva

Infelizmente, alguns dos melhores ministérios que o mundo já conheceu tiveram de dispensar seu pessoal, fechar suas portas e vender suas propriedades. Isso me irritou por muitos anos. Eu me perguntava: "Há uma força misteriosa em ação no mundo que seja capaz de arruinar até mesmo os ministérios mais bem conduzidos?". Por fim conclui que a má administração foi a causa dos funerais de muitas organizações. E, para ser ainda mais específico, muito frequentemente uma noção ingênua de "lucro" tem desempenhado um papel particularmente nocivo.

Em consequência disso, passei a acreditar que todos os ministérios, *incluindo* a igreja local, devem ser lucrativos. "Não é possível que você queira dizer isso!", pastores horrorizados respondem abruptamente. Eu quero. Para alguns, trata-se de uma postura chocante porque eles a interpretam erroneamente como: "Vamos pegar todo o dinheiro que pudermos e então reparti-lo entre os líderes!". Esse pensamento não poderia estar mais distante de minhas intenções. A verdade dolorosa é que, a menos que nos tornemos consistentemente lucrativos, não existiremos para ministrar no dia seguinte.

A verdade dolorosa é que, a menos que nos tornemos consistentemente lucrativos, não existiremos para ministrar no dia seguinte.

Eu defendo essa posição diante de todo líder eclesiástico experiente que oriento, mas ela nunca é fácil de ser assimilada. "Não devemos ser *sem* fins lucrativos?" eles perguntam. "Não deve ser nossa posição *oficial* inclusive?"

"Sim", eu explico, "mas *você* tentará se esconder atrás de sua condição de sem fins lucrativos quando comparecer diante de Deus um dia e for cobrado para explicar por que seu ministério maravilhoso e divinamente ungido teve de fechar as portas?"

Um dos produtos danosos da mentalidade do tipo "Não tenho fins lucrativos e me orgulho disso" tem sido a criação de uma adesão quase religiosa aos "orçamentos equilibrados". Organizações cristãs são notórias por propagar a ideia de que se, em um ano fiscal, você receber 1 milhão, deve gastar 1 milhão — 1 milhão *inteiro*. Alcance isso e terá de fazer uma festa para comemorar. (Eu me pergunto quem estará pagando por *essa* festa. Ela estava no orçamento?)

Na Willow, nosso "orçamento equilibrado" inclui uma contribuição significativa às reservas e poupanças substanciais para fundos de operação contingenciais. Uma vez que tudo isso esteja incluído em nosso orçamento, trabalhamos duro e oramos fervorosamente para que alcancemos nosso alvo de receita e sejamos disciplinados nos gastos.

Todos os líderes devem calcular quão próximos da falência eles querem estar ano após ano. Eu não acredito que a fé exija vivermos um dia ou uma semana próximos da extinção financeira; eu penso exatamente o oposto. Gosto de saber que poderíamos sobreviver com segurança por um período difícil ou dois porque seguimos o exemplo da formiga em Provérbios 6.6 e estocamos uma quantidade razoável de reservas.

Um pastor amigo meu está concluindo um programa de construção e ao final terá uma dívida de dez milhões de dólares. Sua igreja não tem reservas. Nenhuma. Ele tem ouvido muitas perguntas ao longo do caminho, e eu sempre lhe digo a mesma coisa: "Por favor, tome cuidado. Estabeleça uma margem de redução da dívida em seu orçamento e algumas reservas operacionais para que você possa pagar a hipoteca mesmo se sua igreja passar por um período difícil".

"Ficaremos bem", ele sempre me assegura.

"E pague essa dívida o mais rápido possível", eu o oriento sempre.

Com os anos, tenho perdido meu apetite por operações financeiras de risco. Prefiro produzir lucro (reservas) em um orçamento e ser capaz de doar uma quantia substancial de recursos do que gastar os últimos trinta dias do ano fiscal me perguntando se teremos de fechar o estabelecimento.

Quando nossa igreja estava no começo, um membro da diretoria me disse: "Devemos ter um fundo de reserva".

Eu perguntei o que seria esse fundo, e ele explicou que, anos antes, famílias que possuíam negócios em Chicago perceberam que, quando viviam bem perto do limite financeiro, uma grande peça do maquinário em sua fábrica, tal como a caldeira, decidia entrar em colapso. Sem reservas, eles não tinham como consertá-la, o que significava não poder manter a fábrica funcionando e ser forçados a sair do negócio. Os cidadãos de Chicago começaram a dizer: "Precisamos ter um fundo 'caldeira' e sempre colocar dinheiro nele, porque um dia, quando menos esperarmos, a caldeira irá quebrar!".

Isso tudo fez sentido para mim, mas eu ainda disse ao membro da diretoria: "Nós nem sequer temos um prédio!".

"Escute", ele disse, "nós *teremos* prédios um dia, e muitos equipamentos de grande porte que os prédios exigem. No dia em que uma peça desse equipamento decidir parar de funcionar, todos ficaremos muito felizes por termos separado recursos para consertá-la."

Temos substituído várias caldeiras durante algumas décadas (e telhados... e ar condicionado), mas nunca tivemos de traumatizar a igreja quando o equipamento quebrou.

Se você e eu realmente acreditamos que a igreja local é a esperança do mundo, então creio que devemos fazer todo o possível para nos certificarmos de que, ao menos numa perspectiva financeira, o ministério poderá ser bem-sucedido no futuro.

LINKS

49 Isso é sustentável? — p. 177

60 Pague agora, brinque depois — p. 210

12 É PRECISO AVENTURAR-SE

Um produtor cinematográfico britânico extremamente talentoso chamado Richard Curtis concordou em fazer uma entrevista comigo para uma sessão do Leadership Summit. Além de escrever e de produzir algumas das melhores comédias românticas de todos os tempos, ele é também a mente por trás do início do Comic Relief UK, que, no ano passado, ultrapassou a marca de um bilhão de dólares em valores arrecadados para a luta contra a pobreza extrema. Impressionante.

Durante a nossa entrevista, Richard disse algo interessante sobre como foi organizar e fazer acontecer o Comic Relief. Ele estivera na África no fim da década de 1980 e viu em primeira mão atrocidades por toda parte. Ao retornar à Inglaterra, estava determinado a dar vinte e cinco anos de sua vida para lutar contra as doenças, a pobreza e a injustiça.

A única coisa que ele havia feito profissionalmente era trabalhar com comediantes e roteiros de comédias, de modo que decidiu lançar uma maratona televisiva engraçada, agradando pessoas de todas as idades e tentando arrecadar fundos para os que estavam morrendo na África. "As pessoas pensaram que estávamos *loucos*", ele explicou durante a nossa entrevista. "Estávamos fazendo comédia e tragédia simultaneamente, você diria, e os executivos de televisão não tinham uma categoria para isso. No entanto, sabíamos que a audiência responderia positivamente e, bem, eles responderam."

Enquanto ouvia Richard recontar sua história, não consegui evitar o sorriso. O camarada havia se aventurado e, como minha experiência poderia atestar, muitos investimentos acabam na colheita de enormes recompensas.

Durante toda a vida, meu pai teve vários negócios, mas sempre fez diferença entre "apostar a fazenda" e "aventurar-se".

"Se você aposta muito a fazenda, Billy", ele dizia, "no fim a acaba perdendo. Mas, se fizer um investimento de vez em quando, muito provavelmente terá um progresso que poderá servi-lo bem por muito, muito tempo." *Nós arriscamos e nos aventuramos, não apostamos a fazenda*. Esse foi um dos muitos lemas de meu pai — que me acompanha em minha carreira como líder.

Nas três décadas em que tenho liderado a Willow, posso dizer honestamente que nunca apostei a fazenda. Aparecem muitas histórias de pastores que apostaram a fazenda e ajeitaram a vida, mas nunca invejo seus ganhos ou busco imitar sua tomada de decisão, porque, um dia, se eles continuarem apostando, perderão a fazenda *do Reino*.

Assim, desde o primeiro dia, decidi viver da política de aventura/fazenda de meu pai. E saiba disso: no que tange à Willow, a sabedoria de meu pai mostrou-se correta. No correr dos anos, introduzimos um culto muito polêmico, mas extremamente eficaz, denominado de "encontro facilitador". Incorporamos o uso das artes nos cultos de adoração. Promovemos uma nova maneira de fazer pequenos grupos. Iniciamos o ministério CARS[4], uma despensa de alimentos e uma congregação de língua espanhola. Lançamos projetos de congregações. E, como disse Richard Curtis, as pessoas pensaram que estávamos loucos todas as vezes que um desses trabalhos tinha início.

Até que essas "aventuras" funcionaram.

Em determinado mês, eu me conecto com provavelmente uma dúzia de pastores de igrejas locais que querem ser orientados ou treinados em um aspecto ou outro da liderança. Em algumas ocasiões, eles me mostram em

4 Sigla em inglês para cristãos que servem consertando carros.

primeira mão um plano estratégico de ministério que apresentarão para sua liderança ou equipe ministerial. E quase sempre eu o analiso e devolvo a eles com um bocejo divertido porém dramático.

"Você está falando sério?", eu pergunto.

Depois de afirmarem que sim, que estão falando sério, as palavras de meus lábios normalmente são: "Deixe-me ser bem direto e objetivo: entre agora e o próximo Natal, vocês não têm absolutamente *nada* planejado que desperte a imaginação de sua congregação? Creio que estejam atrasados para arriscar!".

"Deixe-me ser bem direto e objetivo: entre agora e o próximo Natal, vocês não têm absolutamente nada planejado que desperte a imaginação de sua congregação? Creio que estejam atrasados para arriscar!"

Eu lhes digo que acho que seria uma boa hora para colocar alguns de seus mais entusiasmados seguidores de Cristo numa sala e lhes perguntar que ação corajosa fariam na fase ministerial seguinte se soubessem que Deus a ungiria e abençoaria. "Quando Deus lhes der clareza", eu continuo, "agradeçam-no sinceramente, analisem como implantar estrategicamente a ação na vida da sua igreja e testemunhem o que Deus fará!"

Meu conselho a eles é também o meu conselho a você: se o seu cenário puder aguentar algumas poucas fagulhas do entusiasmo ordenado por Deus, *aventure-se*! Isto o manterá jovem, edificará a sua fé e talvez produza o avanço de que você necessita.

LINKS

6 Manobra radical — p. 42

50 Não "pise na bola" — p. 180

13

O TEMPO ENFRAQUECE A VISÃO

Alguns líderes creem que, se encherem uma vez os baldes de visão das pessoas até o topo, eles permanecerão cheios para sempre. Mas a verdade é que os baldes têm buracos de tamanhos variados em seus fundos. [Como consequência, a visão vaza. Você ou eu podemos comunicar no domingo uma mensagem sobre uma visão magnífica, empolgante, que honra a Deus e deixa todos entusiasmados para ir e mudar o mundo, mas, na terça, muitas pessoas esqueceram até que estavam na igreja no último fim de semana. Inacreditável, não é mesmo?]

Você ou eu podemos comunicar no domingo uma mensagem sobre uma visão magnífica, empolgante, que honra a Deus e que deixa todos entusiasmados para ir e mudar o mundo, mas, na terça, muitas pessoas se esqueceram até que estavam na igreja no último fim de semana.

[Algo que preciso constantemente lembrar a mim mesmo é que as pessoas em nossas igrejas têm uma *vida real* e compromissos *outros que não* a igreja.] Elas têm trabalhos desafiadores, crianças para criar, grama para cortar e contas para pagar. [Por causa de todas essas responsabilidades diárias, a visão que derramamos sobre elas no domingo começa a se perder mais cedo que pensamos.]

* [Quando você perceber que é tempo de repor uma visão, use todos os meios de comunicação disponíveis para repintar um quadro do futuro que encha a todos de paixão. E então dê um passo firme adiante ao reportar *progresso* na realização da visão.] Confie em mim: quando você vincular uma pequena prova da vida real à realização da visão da sua igreja e mostrar que o sonho verdadeiramente pode se tornar realidade, o nevoeiro começará a se dissipar e as pessoas acenarão com a cabeça em sinal

de aprovação. "Ó sim!", elas lembrarão repentinamente. "Entendi! Entendi! É para *isso* que existimos como igreja!"

Temos enfatizado o valor da reconciliação racial na Willow por muitos anos. Ela é uma parte central da visão que Deus nos tem chamado a perseguir. Quase toda vez que encerro uma palavra sobre o assunto, fico no palco diante de toda a congregação e digo: "Agora, Willow, ao voltarmos para nossa vizinhança, nosso local de trabalho e nossa comunidade, sejamos *os primeiros* em todos os ambientes sociais a estender a mão de amizade em contraposição à barreira racial".

Meses atrás, durante nossa celebração da semana de Martin Luther King Jr., convidamos um membro da igreja do lado sul de Chicago para dar uma entrevista a um membro de nossa comunidade. Como todo mundo, os dois homens tinham muitas ocupações e família para sustentar. No curso de muitos anos, no entanto, eles encontraram tempo para conhecer um ao outro além dos estereótipos raciais. Eles correram muitos riscos emocionais em suas conversas e finalmente uma amizade profunda se desenvolveu. Nossa equipe de líderes esperava que a história pintasse um quadro vibrante do significado de cruzar a barreira racial na vida diária.

Eu assisti àquela entrevista do monitor próximo ao meu assento na primeira fileira e, enquanto a câmera focalizava vários membros de nossa congregação, vi lágrimas rolando pelo rosto e um orgulho óbvio escrito neles. "Eu adoro ser parte de uma igreja na qual a reconciliação racial possui um valor elevado", seus semblantes pareciam comunicar. "Eu amo a nossa visão! Eu amo saber que estamos de fato realizando a nossa visão!"

Pergunte a um membro importante de sua equipe: "Como anda o balde de sua visão?". Pergunte aos voluntários: "Você sente à sua volta que nossa visão está progredindo?". Pergunte aos membros da congregação: "Qual parte da visão de nossa igreja é a mais significativa para você?". Líder, apanhe um medidor para saber quantos baldes cheios você tem ao seu redor, e então complete-os.

LINKS

5 Visão: pinte o quadro com paixão — p. 38

19 Institucionalize valores-chave — p. 85

14 VALORES NECESSITAM DE CALOR

O que a maioria das pessoas lembra em relação a laboratórios de química no segundo grau é que por alguns meses a obsessão doentia por causar incêndios era legal. Ainda hoje, alunos no mundo todo são encorajados a ligar um maçarico, acender um fósforo e lançar fogo sobre o que quer que esteja na proveta. Eu me lembro de fazer isso na aula de química e de ficar aterrorizado enquanto certas substâncias passavam por mudanças dramáticas de estado e a temperatura continuava subindo. Há uma importante lição de liderança a ser assimilada de nossas antigas aulas de química, porque os valores também necessitam de calor!

Muitos líderes contemplam ansiosamente outras organizações e se perguntam de que maneira valores como inovação, trabalho em equipe e excelência se tornaram tão preponderantes ali. Eles pagariam muito para transportar aqueles valores para a sua própria organização, mas no fundo sabem que as coisas não funcionam assim.

> *Qualquer que seja o valor, se ele está vivo e saudável em uma igreja local hoje, não é por acaso. Ele só está ali por causa de esforço intencional, comprometido e dedicado.*

Toda vez que você observa valores que honram a Deus sendo vividos genuína e consistentemente, é justo supor que um líder decidiu identificá-los e colocar um maçarico debaixo deles. Toda vez que alguém ensinava sobre o valor ou elogiava publicamente outro alguém por viver esse valor, era como aumentar a temperatura desse maçarico. Perseverança. Compaixão. Serviço. Generosidade. Qualquer que seja o valor, se ele está vivo e saudável em uma igreja local hoje, não é por acaso. Ele só está ali por causa de esforço intencional, comprometido e dedicado.

Quando você aquece um valor, ajuda pessoas a mudar. Quer sacudir as pessoas de sua rotina diária? Aqueça a inovação. Quer desembaraçar a confusão? Aqueça a clareza. Quer erradicar a mesquinharia? Aqueça a generosidade! Novos "estados" provocam novas atitudes, novas aptidões e novas ações. Não se trata de engenharia aeroespacial. É pura e simplesmente química. O que tem muito a ver com calor.

Eu deveria falar em uma conferência e, enquanto dirigia no estacionamento da igreja, fui saudado por um voluntário que se ofereceu para ajudar a estacionar meu carro.

Caminhei para dentro do templo e fui abordado por outro grupo de voluntários sorridentes que estavam ansiosos por apontar-me o caminho certo. Entre conversas, ainda outro par de voluntários informou-me de que eu tinha chá quente em quantidade suficiente e sanduíches em minha sala atrás do palco. Conferi alguns materiais sobre a mesa e observei mais voluntários servirem pessoas que vinham à conferência com eficiência e alegria. Não menos que dez vezes naquele dia, fui tocado pelo espírito de serviço desse quadro de voluntários.

Quando a conferência terminou, o pastor titular acompanhou-me até o estacionamento. Tive um sentimento de que sabia por que seus voluntários eram tão fantásticos, mas, de todo jeito, fiz a pergunta. "Só por curiosidade, com que frequência você ensina sobre serviço por aqui?"

Ele sorriu e disse: "Bill, ele é o foco central de todo o meu ministério! Falamos sobre ele o tempo todo!".

É claro que ele fala. Porque nenhuma igreja assimila assim *tão* surpreendentemente um valor a menos que os líderes diligentemente o aqueçam.

Os líderes devem descobrir quais valores acreditam que deveriam ser manifestados em suas organizações, e então colocá-los sobre a chama de um maçarico ao ensiná-los, ressaltando-os com a Escritura, intensificando-os e honrando as pessoas que os estejam vivendo. Com o tempo, valores suficientemente aquecidos definirão completamente a sua cultura.

LINKS
13 O tempo enfraquece a visão — p. 66
19 Institucionalize valores-chave — p. 85
24 Portadores de DNA — p. 103

15 Os perigos do gradualismo

Quase todas as igrejas têm uma coisa em comum quando começam: idealismo muito alto. "Não vamos apenas influenciar nossa comunidade, nossa cidade ou o nosso país", elas vibram; "vamos mudar o *mundo inteiro*!"

Pessoas fazem orações grandiloquentes, oferecem grandes contribuições em dinheiro, dedicam muitas horas à igreja e acreditam que Deus é absolutamente capaz de fazer *qualquer coisa* por meio delas. Ou seja, até que a realidade se manifeste. Com o tempo, os líderes da igreja e das congregações sentem desalento ao observarem quanta energia e entusiasmo são necessários para manter a máquina de uma comunidade crescendo a plena força. Eles se frustram por não ter a equipe ou o apoio voluntário apropriado. Eles não dispõem dos recursos necessários e lutam para pagar as contas todo mês. Lenta e continuamente, aquele sentimento do tipo "Deus pode fazer qualquer coisa" desaparece, orações corajosas param de ser feitas e o princípio do fim está próximo. Sem necessariamente desejar, eles bebem o veneno mortal chamado *gradualismo*.

Lenta e continuamente, aquele sentimento do tipo "Deus pode fazer qualquer coisa" desaparece, orações corajosas param de ser feitas e o princípio do fim está próximo. Sem necessariamente desejar, eles bebem o veneno mortal chamado gradualismo.

Você sabe que ingeriu um pouco de gradualismo quando a inovação não é mais bem-vinda em seu ambiente. Dias de céu azul? "Ah, eles são coisa do passado." Fazer alguns investimentos arriscados? "Não deixamos nem o departamento *de jovens* fazer isso mais!" O maior sonho financeiro é um aumento de 3% sobre a renda do último ano, porque qualquer coisa mais que isso significaria entrar num extremo *desordenado* de fé. Muito lentamente e bem sutilmente, você fica cada vez mais satisfeito com nada mais que crescimento gradual. E a partir daí, as coisas *realmente* começam a ir por água abaixo.

Eu continuo lembrando aos pastores que a taxa normal de saída de membros para a maioria das igrejas é de 10% ao ano. Isso significa que você pode estar fazendo tudo impecavelmente — produzindo cultos de adoração que inspirem reverência; efetivamente direcionando pessoas à fé e edificando-as para que se tornem seguidores de Cristo; servindo com alegria os que são pobres; fornecendo graciosamente abrigo aos desabrigados; cuidando diligentemente dos órfãos e das viúvas — e *somente* por causa dos idosos que estão morrendo, das transições no trabalho e das pessoas que se mudam para outros lugares, você irá perder dez entre cem frequentadores todo ano. Acrescente a isso o fechamento de uma fábrica nos arredores de sua comunidade e essa taxa pode dobrar.

Você pode entender minha frustração, então, quando pastores me dizem que estão "confiando em Deus" de que terão de 3% a 5% de crescimento neste ano. "Mesmo?", eu penso. "Isso equivale a planejar um funeral para a sua igreja."

Pensamento gradual, planejamento gradual, orações graduais — eles são o beijo da morte. Não se deixe envolver por eles.

LINKS

3 Você sempre está em determinada fase — p. 32
12 É preciso aventurar-se — p. 63
43 Um dia de céu azul — p. 157

16 FATOR SEIS POR SEIS

Eu estava em um avião certa vez, voltando de uma viagem internacional e, quanto mais perto chegávamos de Chicago, mais minha mente se agitava com a longa lista de afazeres esperando meu retorno. Apanhei meu calendário e contei seis semanas até o fim do ano. Somente seis semanas para cumprir o que pareciam ser *cem* desafios críticos.

Peguei uma caneta, um cartão, e escrevi uma pergunta no topo: "Qual é a maior contribuição que posso fazer para a Willow nas próximas seis semanas?". Eu queria saber quais decisões e iniciativas apenas eu poderia realizar, que cultos deveríamos transformar num grande sucesso, que questões de trabalho eu não poderia deixar de tratar e assim por diante. Gastei a melhor parte das duas horas restantes daquela viagem para organizar isso tudo, mas o resultado final desse exercício foi uma lista de seis itens que, se alcançados, me fariam cantar o Aleluia de Handel em 31 de dezembro.

Na manhã seguinte, coloquei aquele cartão sobre a minha mesa. Minha lista incluía coisas como terminar minha mensagem para os cultos na noite de Natal, enfrentar um desafio muito grande de levantar fundos para um de nossos ministérios e contratar uma pessoa-chave para a equipe. E, pela graça de Deus, nas seis semanas seguintes consegui realizar cada uma dessas iniciativas. Com toda a franqueza, não me lembro de ter feito uma contribuição mais significativa à Willow do que a que fiz naquelas seis semanas. Mas, de novo, não estou certo de ter estado tão concentrado em minhas tentativas.

Janeiro chegou e eu decidi fazer isso de novo. "Tudo bem", eu pensei, "quais são os seis mais importantes desafios nos quais posso me concentrar entre agora e quinze de fevereiro?" Eu tinha outra viagem internacional chegando e achei que me sentiria um herói de guerra se conseguisse manter essa prática.

Foram necessárias muitas horas de reflexão para estabelecer as prioridades, mas, uma vez estabelecidas, eu as ataquei ferozmente. Além dos dramáticos aumentos em meu nível de satisfação por causa de todo trabalho que eu estava realizando, notei que minha vida de oração também ia de vento em popa. Era muito claro para mim o que deveria fazer naquele período de seis semanas e me vi implorando despudoradamente a Deus que se manifestasse e fizesse uma obra poderosa em meu favor. Para minha surpresa ele fez exatamente isso.

Além de orquestrar milagres quase diários em torno da Willow, pertinentes às minhas prioridades, ele também me deu uma dose massiva de paz com relação à *negligência intencional* de coisas que não estavam em minha amada lista seis por seis. Foi durante essa fase que aprendi que a indiferença deliberada pode ser tão importante quanto a concentração consciente.

Trabalhei sob meu plano seis por seis por todo aquele ano e fiquei tão impressionado com o que os meus esforços concentrados produziram que no retiro de gerenciamento seguinte gastei duas horas explicando a ferramenta a meus líderes. Destinei outras duas horas para que eles fizessem o exercício de relacionar suas seis prioridades. "Não há nada sagrado em relação a seis semanas", expliquei. "Mas, no ano passado, esse intervalo particular de tempo pareceu manter elevado meu nível de urgência. Não posso correr a toda velocidade por seis meses, mas e por seis semanas? Isso eu posso."

Também não havia nada sagrado em relação a ter exatamente seis itens na lista. A maioria dos líderes não se dá ao luxo de ter apenas uma bola para carregar, mas sabe que tentar fazer malabarismo com dezesseis é um feito impossível. Meus colegas de equipe concordaram que seis parecia um compromisso razoável e vibraram por finalmente terem um conjunto de alvos alinhado com os quais operar. Por doze meses ininterruptos, eles fizeram exatamente isso, enviando-me por *e-mail* suas prioridades para cada seis semanas.

"Não há nada sagrado em relação a seis semanas", expliquei. "Mas, no ano passado, esse intervalo particular de tempo pareceu manter elevado meu nível de urgência. Não posso correr a toda velocidade por seis meses, mas e por seis semanas? Isso eu posso."

No verão seguinte, aumentamos a aposta no retiro da equipe de gerenciamento. Eu disse: "Vocês todos têm feito um trabalho fantástico usando a ferramenta das seis semanas, mas acho que é hora de que seus pares vejam suas cartas em vez de mim."

Todos os membros da equipe de gerenciamento — incluindo eu — colocaram sua lista de seis por seis mais atual em um quadro e então, um por vez, conversaram sobre a razão de estabelecerem suas prioridades. O drama que se mostrou nas duas horas seguintes poderia ter sido um *reality show* de TV. "*Isso* não é urgente!", alguém gritava enquanto observávamos uma das prioridades de seus pares. Ou "Espere um minuto! Você está concentrando toda a sua atenção *nessas* coisas?", outro perguntaria para a surpresa completa da pessoa que as havia escrito em primeiro lugar.

Era óbvio que havia opiniões variadas sobre quais coisas se qualificavam como as questões mais prioritárias da igreja. A pessoa atordoada dizia algo do tipo: "Bem, você com certeza gostaria que eu me concentrasse nisso!" e ouvia como resposta: "Não, não, não! Não me incomode com isso! Aqui, se você se concentrasse nisso em vez de...".

Nós distribuímos listas de tarefas revisadas mais rápido que um jogador de cartas de Las Vegas e, uma vez que a equipe inteira viu o fruto de seu trabalho coletivo, sentou novamente e disse: "Agora nossas próximas seis semanas serão um sucesso!".

E mais, todos foram expostos ao peso que alguns da equipe estavam carregando. "Por favor, saiba que você não está sozinho nisso", alguém dizia a um colega cuja lista parecia ser um pouco intimidadora. "Nós vamos orar por você durante esse período de seis semanas. Se a carga ficar muito pesada, avise-nos."

Líderes de equipe viam minha lista e diziam: "Bill, não tínhamos ideia de que você estava colocando tanta energia em tudo isso! Como podemos ajudar? Como podemos orar por *você*?".

Uma ideia realmente simples que se transformou em uma ferramenta de gerenciamento eficiente era agora um meio informativo, instrutivo e corretivo de estimular um senso genuíno de *equipe* entre nossos líderes. Muito bom.

Ainda trabalhamos desse modo hoje.

LINKS

7 Um proprietário ou um assalariado — p. 44
15 Os perigos do gradualismo — p. 71
34 Discorde sem tirar sangue — p. 130
44 Disposição para a ação — p. 161
47 Difícil, mas realizável *versus* difícil e destrutivo — p. 171
58 Crie suas próprias linhas de chegada — p. 203

17

Somente Deus

Esta é a única frase que intencionalmente uso de modo excessivo, mas por uma boa razão. Quando Deus realiza uma atividade que nenhum ser humano poderia jamais orquestrar, você de algum modo tem de responder. E a simples frase à qual tenho me apegado nos anos recentes é "Somente Deus".

Quando ensino uma mensagem do púlpito da Willow sobre o que fazer quando se está encurralado e digo: "Eu lhe asseguro que você não tem nada a fazer a não ser ficar aí mesmo e orar por essa situação financeira, espiritual, emocional ou física que lhe deixa encurralado", e então permaneço no lugar por sólidos noventa minutos após três cultos quando mais de quinhentos homens e mulheres vêm à frente para orar; nessas ocasiões, saio desses momentos santos com apenas um pensamento em mente: "Somente Deus".

Somente Deus pode tocar milhares de corações de tal maneira que as pessoas alegremente entreguem aquilo que o mundo idolatra.

Quando vejo dois mil e quinhentos pastores e líderes em Lagos, Nigéria — um lugar recentemente chamado de um dos "menos habitáveis no planeta Terra"[5] e um lugar onde eu *ainda* tenho de fazer uma única viagem promocional — reunidos para o Global Leadership Summit a fim de apren-

[5] O artigo Intelligence Unit's Livability Ranking (**The Economist**, ago. 2007), parte do *Worldwide Cost of Living Survey*, analisa as condições de vida em 127 cidades ao redor do mundo considerando aproximadamente quarenta indicadores individuais agrupados em cinco categorias: estabilidade, assistência médica, cultura e meio ambiente, educação e infraestrutura.

derem como fomentar uma visão, inspirar equipes, levantar recursos e alcançar pessoas não religiosas com maior eficiência, há apenas duas palavras para resumir o sentimento: "Somente Deus".

Quando testemunho um derramar impressionante de generosidade como testemunhei ano passado nos cultos de Natal da Willow, quando em uma única semana foi doada a quantia de 1,1 milhão de dólares a uma congregação para combater a pobreza extrema e a AIDS em todo o mundo, só posso encontrar duas palavras para resumir tudo o que estou sentindo: "Somente Deus". Somente Deus pode tocar milhares de corações de tal maneira que as pessoas alegremente entreguem aquilo que o mundo idolatra.

Quando, pela fé, nossa igreja promete ao Habitat for Humanity que cem voluntários da Willow irão de bom grado aparecer em Benton Harbor, Michigan, no evento *Blitz Build*, erguer uma série de casas para famílias carentes que vivem ali e assistir 350 pessoas levantar as mãos, tirar uma semana de suas férias e encarar uma viagem de seis horas de carro (ida e volta), olhamos uns para os outros e percebemos pela milésima vez que não foi a promoção inteligente ou o discurso hábil que fizeram isso; somente Deus fez.

Quando um furacão chamado Katrina tira a vida de quase dois mil residentes da Costa do Golfo e eu peço para que trezentos voluntários de nossa igreja se reúnam, tirem dias de suas férias limitadas e se dirijam às áreas devastadas para ajudar, e mais de *mil* imediatamente dizem: "Sim, envie-me", não sei como responder, exceto balançar minha cabeça e declarar mais uma vez: "Somente Deus".

Quando cinco de meus colegas se dirigem comigo para um culto de batismo no lago da propriedade da Willow e vemos três mil pessoas esparramadas sobre cobertores, prontas para assistirem novamente outras mil pessoas sendo batizadas, o céu azul e sem nuvens, o Novo Testamento acontecendo bem ali na cidade de Barrington, Illinois, coletivamente sabemos que estamos vendo de maneira próxima e pessoal aquilo com o que seguidores de Cristo por séculos sonharam e, ao mergulhar mais uma cabeça dentro d'água reconhecendo Jesus como Senhor e Salvador, ficamos sem palavras, exceto estas duas: "Somente Deus."

Somente Deus. Trata-se mais do que um axioma. É uma teologia que tem estado viva e saudável na igreja Willow Creek desde o princípio.

Assistimos a nosso Pai celestial mover-se, despertar, agir e chamar. E, quando ele assim o faz, humildemente lhe agradecemos com as duas únicas palavras que poderiam começar a dar crédito àquele a quem o crédito é devido: "Somente Deus".

LINKS
20 Isto é igreja — p. 87
42 Tivemos o privilégio de fazer isto juntos! — p. 151
66 No fundo do meu ser — p. 231

18 Lado positivo e lado negativo

Algo que você nunca aprende no seminário é como fazer uma igreja crescer de modo economicamente sustentável. Quando comecei no ministério, tinha um entendimento geral de que a oferta entregue semanalmente pela congregação equivalia aos "recursos disponíveis" que poderíamos usar para edificar a igreja. O que eu *não* entendia era que o modo pelo qual eu acrescentava membros à nossa equipe ajudaria ou comprometeria dramaticamente a viabilidade financeira da nossa igreja como um todo. Eu nunca havia ouvido ninguém falar sobre esse assunto; como a maioria das lições que aprendi, esta veio da maneira mais dura.

Nos primeiros dias da Willow, a equipe inicial que contratamos simplesmente atraiu mais famílias à nossa igreja. Acrescentamos um coordenador de ministério infantil, um pastor para ministérios entre estudantes e diretores de evangelismo e pequenos grupos. Sem que eu percebesse, quanto mais esses membros de equipe faziam seu trabalho com eficiência, mais crescíamos como igreja. Quase imediatamente, houve um aumento nas ofertas. Em virtude de mais pessoas frequentarem a igreja, mais pessoas estavam entregando sua vida a Cristo, mais pessoas estavam crescendo em sua fé e mais pessoas queriam dar a Deus seus dízimos e ofertas. Sem que eu soubesse, minha equipe estava contribuindo para a viabilidade financeira da nossa igreja, mas eu nunca fiz essa conexão.

Com o tempo, no entanto, clamores da equipe soaram pelos salões da Willow num volume cada vez mais alto. "Precisamos de mais administradores!" "Que tal iniciarmos um departamento de missões?" "Quando teremos mais funcionários no departamento de segurança e apoio de entrada de dados?"

Eu não podia argumentar. Os papéis que estavam sendo exigidos pareciam necessários, e assim começamos a contratar pessoas maravilhosas e talentosas para preenchê-los. *Muitas* pessoas maravilhosas e talentosas. Os membros da equipe que foram acrescentados ajudaram a realizar as operações cotidianas da igreja, mas fizeram muito pouco para aumentar nosso ganho financeiro.

As coisas por fim ficaram tão sombrias na área financeira que eu reuni todas as pessoas brilhantes que conhecia e pedi sua opinião sobre o que deveríamos fazer. Ninguém realmente sabia e então um dia eu fui a um restaurante pacato para estudar os dados financeiros e tentar encontrar eu mesmo uma solução.

A primeira coisa que notei foi que nossas despesas estavam lentamente começando a ultrapassar nossa receita. Isto nunca havia acontecido antes e, é claro, chamou muito minha atenção. Por que isso, quando nossas ofertas estavam aumentando? E por que isso, se estávamos acrescentando novas pessoas à equipe na mesma medida em que acrescentávamos no passado?

De repente, apanhei o guardanapo, fiz uma linha vertical no centro e coloquei um sinal de positivo na coluna do lado esquerdo e um de negativo na coluna do lado direito. Tínhamos uma equipe de trinta e oito pessoas naquele tempo. "Se cada pessoa estivesse operando em seu mais alto nível de desempenho", perguntei a mim mesmo, "seu trabalho se encaixaria no lado da equação como 'dólares acrescentados ao ministério da Willow' ou no lado dos 'dólares consumidos'?"

O papel de coordenador das crianças era um ganho óbvio. Por causa desse papel, famílias sentiam-se confortáveis em ir à igreja. Sabiam que seus filhos seriam cuidados e gostavam da ideia de que poderiam desfrutar um culto de adoração livre de distrações. À medida que seu compromisso com Cristo crescia, crescia também sua generosidade.

O conselheiro de cuidados pastorais era provavelmente uma perda. Conquanto fizesse um trabalho excelente e tivesse um grande coração, a maioria das pessoas que ele ajudava era gente atribulada de nossa comunidade que já frequentava outras igrejas ou que desistira da igreja anos atrás.

De repente, apanhei o guardanapo, fiz uma linha vertical no centro e coloquei um sinal de positivo na coluna do lado esquerdo e um de negativo na coluna do lado direito. Tínhamos uma equipe de trinta e oito pessoas naquele tempo. "Se cada pessoa estivesse operando em seu mais alto nível de desempenho", perguntei a mim mesmo, "seu trabalho se encaixaria no lado da equação como 'dólares acrescentados ao ministério da Willow' ou no lado dos 'dólares consumidos'?"

Continuei verificando a lista, colocando todos os papéis em uma coluna ou em outra. O líder de missões? Negativo. Na verdade, de uma perspectiva puramente financeira, a pessoa de missões era um negativo *duplo* porque, além do salário, havia um fluxo constante de solicitações para que nossa a igreja doasse cada vez mais recursos. (Algo bom e bíblico, quando feito sabiamente.)

Pessoas na área contábil? Bem, elas contavam o dinheiro, mas, a menos que estivessem fraudando as contas, provavelmente não estavam acrescentando muito ao fluxo de receita.

Vinte minutos nesse exercício e me senti uma pessoa detestável. Eu não podia acreditar no que estava fazendo, mas não via outra maneira de ajudar nossa igreja a sair desse buraco, senão depurar tudo através desse exercício incrivelmente irreverente. E, honestamente, os resultados foram profundos. Todas essas contratações recentes que eu havia feito — cada uma delas — ficaram no lado negativo de meu guardanapo. Havia nomes, quinze ao todo, claros como o dia. Percebi imediatamente que, se eu permanecesse nesse mesmo caminho sem uma percepção apurada da dinâmica do lado positivo *versus* lado negativo, colocaria em risco a saúde financeira da igreja que todos nós apaixonadamente havíamos construído para a glória de Deus.

Fiquei tão entusiasmado com minha descoberta naquela tarde que fiz uma coisa muito insensata. Voltei para a igreja, apressadamente convoquei uma reunião da equipe e anunciei a todos que, após uma análise cuidadosa, eu havia descoberto a verdade por trás de nossa crise financeira. (Eu sabia que eles iriam ficar muito contentes!)

Recriei o desenho do meu guardanapo em um quadro-negro, completo, com um sinal de positivo de um lado e o de negativo em outro, e o nome de todos os membros da equipe listados em letras garrafais. De uma vez por todas, seríamos capazes de enxergar quais papéis estavam contribuindo para a saúde financeira de nossa igreja e quais a estavam prejudicando.

"Pessoal", eu disse com entusiasmo apaixonado, "acrescentei pessoas demais no 'lado negativo' sem equilibrá-las o bastante com as pessoas do 'lado positivo'! Lamento muito! Irei retificar isso imediatamente e, no futuro, levarei isso em consideração ao aumentarmos a equipe!"

Ufa! Que conquista para nossa pequena igreja. À luz de minha confissão, sabia que minha equipe ficaria tão aliviada quanto eu por termos finalmente decifrado o código de nossa crise financeira. Agora poderíamos viver todos felizes para sempre!

Os olhares chocados e horrorizados na face de todos me disseram que eles não estavam tão certos a respeito do futuro como eu estava.

Após um silêncio constrangedor, nosso pastor de missões ergueu sua mão. "Sim?" eu disse.

"Bill, corrija-me se eu estiver errado, mas você me *contratou* para motivar pessoas a doarem dinheiro. É meio estranho... meu *trabalho* é esse e agora estou sendo despedido por isso?"

Sua pergunta abriu uma comporta e em cinco minutos a sala inteira se dissolvera em uma poça de pânico, medo e frustração. "Como você pode se livrar de nós?" as pessoas do lado negativo se manifestaram efusivamente. "Estamos trabalhando aqui tão duro quanto as do lado positivo!" "Uma igreja como a de Atos 2 não exige algumas pessoas cujo trabalho seja *sempre* o de destinar recursos aos pobres?" "Iremos pagar mais às pessoas do lado positivo que às pessoas do lado negativo agora?"

Dizer que eu me retratei seria uma afirmação errada. "Não, não, não", eu me arrisquei. "Vocês me compreenderam mal. Não é *ruim* estar no lado negativo. É apenas algo que a nossa equipe mais experiente precisa ter em mente ao acrescentar novas pessoas. Devemos colocar algumas pessoas do lado positivo na equação, ou deixaremos de operar como igreja."

Além de aprender um "fato financeiro da vida" muito importante sobre economia eclesiástica naquele dia, também aprendi quais discussões devem ser feitas diante de toda a equipe e quais devem ser feitas nas salas da diretoria. Vivendo e aprendendo. Mas tome cuidado com as dinâmicas entre lado positivo e lado negativo. Elas são reais!

LINKS

3 Você sempre está em determinada fase — p. 32

49 Isso é sustentável? — p. 177

52 Fatos são seus amigos — p. 186

19 INSTITUCIONALIZE VALORES-CHAVE

O Dia de Ação de Graças tem, por si só, institucionalizado o valor da gratidão. Nos Estados Unidos ao menos, é quase obrigação que uma vez por ano — no fim de novembro — paremos o que estivermos fazendo — seja lá o que for — e apenas digamos "obrigado" por todo o dia. Brilhante!

A mesma coisa acontece com o Natal, a Sexta-Feira Santa e a Páscoa. Esses dias santos regularmente programados nos forçam a exaltar o valor da encarnação, da expiação e da ressurreição ano após ano.

Pensei sobre esse tipo de coisa muitos anos e me perguntei se havia outros valores bíblicos chave que poderíamos institucionalizar e exaltar todos os anos ao vinculá-los a um dia santo no calendário anual da igreja. Então, fizemos o teste.

Nesses dias, todos no "Mundo Willow" sabem que no final de semana Martin Luther King Jr. exaltaremos os valores da inclusão radical e da reconciliação racial. No Dia Mundial da AIDS — que sempre ocorre no primeiro final de semana de dezembro — todos sabem que lembraremos nossa congregação do flagelo das pessoas aprisionadas à pobreza por gerações e que sofrem de AIDS. No Dia das Mães e no Dia dos Pais, faremos enormes investimentos em nossos pais e mães.

O que você valoriza em sua igreja deve ser destacado, ensinado e celebrado com regularidade.

O aprendizado-chave é este: o que você valoriza em sua igreja deve ser destacado, ensinado e celebrado com regularidade. E, para estimular-se a honrar valores-chave anualmente, você deve de algum modo institucionalizá-los. Confie em mim, isso funciona!

LINKS
13 O tempo enfraquece a visão — p. 66
14 Valores necessitam de calor — p. 68

20 ISTO É IGREJA

É quinta-feira. Estou no meio de uma semana agitada quando meu telefone toca. É um pai da Willow cujo filho acabou de ser preso. "Bill, você pode me encontrar para um café?" Conheço bem esse homem. Ele não interromperia meu dia a menos que algo realmente sério acontecesse.

Larguei tudo e fui até o restaurante, enquanto minha curiosidade crescia a cada quilômetro percorrido. Ele parecia muito tenso ao telefone.

O restaurante está vazio, exceto no compartimento onde esse pai está assentado, com os cotovelos sobre a mesa e a cabeça entre as mãos. Sento de frente para ele, encaro-o, e escuto com cuidado enquanto ele começa a falar. Ele é eficiente, mesmo em meio à tristeza, que é evidente.

Estou ouvindo todas as sílabas enquanto o Espírito sussurra ao meu ouvido: "Isto é igreja".

Tudo o que estou tentando construir no escritório ao contratar pessoas, financiar dependências e aprovar programas ministeriais vale a pena quando é traduzido em um único momento em um restaurante grego, quando uma necessidade é suprida na vida de um indivíduo que importa imensamente para Deus. Devemos todos estar atentos a isso.

É domingo. Todos se prepararam, a logística funcionou e enquanto saio do culto das onze e quinze em direção ao lago, vejo milhares de *creekers* espalhados à sua beira, ansiosamente aguardando o batismo de centenas de homens, mulheres e crianças. Ao me aproximar da água, um homem que reconheço imediatamente vem em minha direção. Trinta anos atrás eu o levei a Cristo e o batizei nessas mesmas águas.

Anos depois, eu o ajudaria a conduzir seu filho a Cristo e então o batizaria também ali.

Hoje, ele me diz, seu neto quer ser batizado. Ele quer saber se há uma maneira de eu batizá-lo. Os administradores estão disputando minha atenção, os outros pastores-mestres já estão com água até a cintura dentro do lago e a congregação está impaciente, esperando o início do culto.

Mantenho meus olhos treinados, voltados para o rosto desse homem, convencido de que esse momento não será perdido para mim, a despeito de outras coisas às quais eu precise estar atento. Três gerações de homens cuja vida tem sido maravilhosamente atingida pela graça. E Deus me permitiu desempenhar um papel em todo o processo. "Isto é igreja", o Espírito sussurra enquanto meus olhos se enchem de lágrimas. Eu digo a esse homem: "Mantenha seu neto perto de você até que tenhamos batizado todos os outros. Eu o batizarei no final".

Mesmo em meio a uma reunião muito importante durante a qual planejamos resolver problemas muito importantes, eu me lembro de que a razão pela qual aparecemos nessas reuniões, a razão pela qual fazemos qualquer coisa por aqui, é criar um ambiente no qual as pessoas que estejam se acotovelando, lutando ou chorando enquanto atravessam seus períodos de decepção possam ser ministradas.

É terça-feira. Minha equipe de líderes e eu estamos prontos para uma reunião e precisamos iniciá-la. A agenda é ambiciosa e o tempo corre.

Gastamos os primeiros momentos conferindo informações e somos informados de que nesta semana o pai de um dos membros de nossa equipe teve de ser internado em uma casa de repouso. Nossa colega explica que ela, o marido e os filhos sentiram como se estivessem expulsando o pai da família. Ela se sentiu extremamente culpada a caminho do local que seu pai agora deveria chamar de lar. A montanha-russa emocional, o desespero e a desilusão com os quais ela estava lidando eram quase impossíveis de suportar.

Observo os olhos ao redor da mesa e vejo o bloco para *flip-chart* em branco colocado na posição correta, pronto para ser usado, e o Espírito sussurra mais uma vez: "Isto é igreja".

O que está acontecendo *agora mesmo* — é disso o que trata a igreja. Mesmo em meio a uma reunião muito importante durante a qual planejamos resolver problemas muito importantes, eu me lembro de que a razão pela qual aparecemos nessas reuniões, a razão pela qual fazemos qualquer coisa por aqui, é criar um ambiente no qual as pessoas que estejam se acotovelando, lutando ou chorando enquanto atravessam seus períodos de decepção possam ser ministradas.

Cristo disse que iria edificar "sua igreja" — uma comunidade de pessoas reais, com coração pulsante de verdade, que seriam atenciosas umas com as outras, sensíveis umas às outras e ágeis em demonstrar misericórdia, graça e amor.

Durante toda a minha semana sou lembrado daquilo que de fato define igreja. Não é alguma organização amorfa ou com sentimento corporativo que eu estou gastando todas essas horas tentando consertar ou promover. É um organismo vivo, que respira e pulsa, desenvolvendo-se em tempo real, baseada em milhares de maneiras que escolhemos de cuidar uns dos outros, escutar uns aos outros, apoiar uns aos outros quando o tapete debaixo de nossos pés foi tirado.

Interdependência, vulnerabilidade, disponibilidade para ouvir, doação de nós mesmos. Você consegue ouvir o Espírito sussurrando para você agora? "Isto é igreja."

LINKS
42 Tivemos o privilégio de fazer isto juntos! — p. 151
71 Eu nunca faria isso por dinheiro — p. 243

trabalho em

co

equipe

municação

21 Os três Cs

Foram necessários aproximadamente trinta anos para definir um plano de como edificar um time dos sonhos do Reino — uma seleção de colegas com quem eu pudesse alegremente desenvolver um ministério eficiente e que honra a Deus por um longo período de tempo. Tentei todos os tipos de sistemas mentais para priorizar as qualidades das pessoas ao longo do caminho, mas o único que permaneceu foi feito de três simples Cs: caráter, competência e cumplicidade.

Tentei todos os tipos de sistemas mentais para priorizar as qualidades das pessoas ao longo do caminho, mas o único que permaneceu foi feito de três simples Cs: caráter, competência e cumplicidade.

Não é por acaso que caráter venha primeiro. Quando os novos membros da equipe entram a bordo, preciso da *máxima* energia, do *máximo* esforço e da *máxima* ajuda deles. Muito provavelmente a razão pela qual a pessoa foi contratada em primeiro lugar é porque há problemas que têm de ser resolvidos a fim de que o Reino avance. Se os primeiros noventa dias de trabalho de uma pessoa são desperdiçados porque sou forçado a fazer um projeto de reparação de caráter em sua vida, então temos um problema sério.

Um bom caráter é difícil de ser discernido em uma entrevista de quinze minutos. Você deve fazer o devido esforço para certificar-se de que a pessoa que você está a ponto de convidar para ser parte da equipe já tenha provado no passado ser uma pessoa que fala a verdade, guarda uma aliança e busca ser conforme a imagem de Cristo, alguém que maneje bem os relacionamentos e que dê crédito a outros quando a vitória é conquistada.

Depois que a pessoa passar no teste do caráter, e *somente* depois disso, eu verifico a sua competência. Quando estou trabalhando para preencher uma função-chave, penso nas exigências de competência. Se preciso de alguém com dom de ensino, então não dou desculpas por procurar em toda a parte pelo melhor professor, e vou atrás dessa pessoa com grande determinação.

Descobri que a persistência é, na maioria das vezes, de suma importância no processo. Se alguém me diz não, não posso deixar que isso me detenha. Devo manter a conversa viva, buscando de fato entender os obstáculos observados pela outra pessoa e então, dependendo do quanto necessite dela na equipe, fazer tudo o que estiver ao meu alcance para ajudá-la a superá-los. Aconselho-me a respeito disso o tempo todo com meus líderes mais experientes. Eles me perguntam quanto tempo devem perseguir a pessoa que seja "perfeita" para uma função em particular, e minha resposta é a mesma todas as vezes: "Quantos almoços você está disposto a pagar?".

A menos que Deus sinalize claramente que você deve parar, meu conselho é que continue fazendo o convite.

John Ortberg foi um dos melhores membros de equipe que a Willow teve, mas, quando eu o abordei pela primeira vez com o convite para trabalhar como pastor-mestre, ele disse não. Sondei um pouco mais o terreno e ele disse: "Bill, a principal razão de minha recusa é que estou em minha igreja atual há apenas dois anos. Sair agora seria injusto para com o nosso povo".

Eu lhe disse que essa era a melhor notícia que eu havia escutado em todo o dia. "Ótimo! Entendo perfeitamente. Então, em doze meses você poderá juntar-se a nós? Teríamos prazer em esperá-lo por esse período. Cremos que você é a melhor pessoa para as nossas necessidades."

Pouco mais de um ano depois, John juntou-se a nós e serviu heroicamente por quase dez anos.

Nunca se desculpe por buscar a máxima competência, dons, talentos e capacidades em seus novos colegas de equipe que irão conduzir seu ministério a um nível mais elevado de eficiência. No entanto, antes de concordar em contratá-los, certifique-se de que passaram pela peneira da cumplicidade.

Eu costumava ser um cético em se tratando de enfatizar o "encaixe" ao contratar uma nova pessoa para a equipe. Se ela preenchesse o quesito caráter e tivesse competência, eu estava certo de que se sairia bem. Aprenderia a se entrosar com a equipe e comigo, quando entrasse no time. Nem sempre é assim. Aprendi a confiar em minha intuição sobre isso da pior maneira: se tenho percepções negativas nas primeiras duas ou três vezes em que estou na presença de alguém, é provável que eu não vá querer trabalhar com essa pessoa no dia a dia. Soa estúpido, eu sei, mas tenho aprendido essa lição dolorosa muitas vezes.

Apresentei essa fórmula no Leadership Summit certa ocasião e em resposta recebi uma pilha de cartas de pastores e empresários que discordavam totalmente daquilo que eu havia dito. "Você não deve decidir-se sobre uma pessoa baseado no quanto ela se 'encaixa' com os outros membros da equipe", alguém disse. Outro afirmou que "competência deve vir primeiro, porque você pode trabalhar o caráter com o tempo".

Em poucos anos, no entanto, a maioria me escreveu novamente — desta vez para pedir uma cópia daquela mensagem no Summit. Quase todos haviam contratado alguém que não preenchia os três Cs — ou que não se encaixava neles na ordem certa — e haviam pagado um alto preço pela decisão. Eu sorri quando recebi aquela segunda pilha de cartas porque podia entender muito bem o que aqueles líderes estavam falando. Depois de equacionar todos os problemas decorrentes de minhas escolhas equivocadas, finalmente cheguei ao ponto no qual decidi que nunca, em sã consciência, violaria os três Cs novamente.

LINKS

8 Contrate os melhores — p. 50

22 Nunca responda "não" por alguém — p. 96

23 Teste antes — p. 99

29 Velocidade do líder, velocidade da equipe — p. 117

42 Tivemos o privilégio de fazer isto juntos! — p. 151

os três cs

22 NUNCA RESPONDA "NÃO" POR ALGUÉM

Estamos tentando preencher várias funções-chave na Willow neste momento, e recentemente um de meus associados entrou em meu escritório para dar-me um relatório de progresso. Ele apanhou uma das funções em sua lista e disse: "Sabe, eu estava pensando em procurar fulano ou cicrano para essa função, mas ele nunca viria. É uma pena. Ele seria perfeito para o cargo!".

Trata-se de uma tendência estranha que observo até mesmo nos líderes mais perspicazes e fiéis: quando estão tentando acrescentar um grande membro à direção ou um presbítero, um líder de pequeno grupo ou outro líder-chave, perguntam a Deus quem seria *a melhor pessoa* no planeta Terra para ocupar a posição. Ao receberem a resposta, passam a perseguir todos, exceto esse indivíduo. Em quase todos os casos, "o melhor" é um líder fantástico que já está ocupado fazendo um trabalho extraordinário em algum outro lugar. "Essa" pessoa talvez tenha de concordar em reduzir seu salário para juntar-se à nossa equipe. "Essa" pessoa talvez tenha de deixar uma cidade ótima e mudar para um lugar não tão agradável... e certamente não fará tudo isso apenas para servir ao nosso lado.

Trata-se de uma tendência estranha que observo até mesmo nos líderes mais perspicazes e fiéis: quando estão tentando acrescentar um grande membro à direção ou um presbítero, um líder de pequeno grupo ou outro líder-chave, perguntam a Deus quem seria a melhor pessoa *no planeta Terra para ocupar a posição. Ao receberem a resposta, passam a perseguir todos, exceto esse indivíduo.*

Por essas razões e muitas outras, nós a tiramos da nossa lista. Então, percebendo que não podemos ter o melhor, descemos alguns níveis e começamos a considerar as pessoas que *podemos* ter. Elas por certo não têm as habilidades e a competência de nossa primeira escolha, mas ao menos estão disponíveis. Isso é um problema.

É preciso muita disciplina para abordar uma lista de pessoas desejáveis, mas alguns dos empregados mais excepcionais que conhecemos são pessoas que se assentaram à mesa comigo uma vez, quando eu disse: "Sei que a proposta tem poucas chances e esta conversa talvez seja muito curta, mas você consideraria em oração a possibilidade de trabalhar na equipe da Willow? Penso que você é a melhor pessoa para uma função muito importante que estamos tentando ocupar. Sei que você já tem alguns projetos empolgantes acontecendo. E francamente fui tentado a tirar você da minha lista, mas percebi que talvez isto seja algo que Deus deseja que você persiga. No mínimo, queria que você soubesse da oportunidade. Por favor, ore sobre se é ou não para você."

Em mais de uma ocasião, surpreendi-me e alegrei-me quando pessoas extremamente talentosas me ligaram e disseram: "Conte comigo!". Fiquei muito feliz por não ter dito "não" por elas.

Tivemos uma grande transição na direção do departamento ministerial certa vez, e a pessoa perfeita para preencher a vaga estava em nosso próprio quintal. Frequentava a Willow e era um voluntário fiel e altamente capacitado, mas havia acabado de abrir um negócio e investido duzentos mil dólares em um ano. Nossa oferta salarial seria *insignificante* diante desse valor. Ainda assim, encontrei-me com ele e compartilhei minha visão mais apaixonada para a função que ele desempenharia.

Vários dias depois ele me ligou: "Bill, pelos padrões humanos, esta é a decisão mais estúpida que eu jamais poderia tomar. Mas a resposta é sim.

Deus falou comigo. Estou dentro. Vou vender minha parte no negócio e dar a você e à Willow cinco anos de meus melhores esforços". Ele fez isso e deixou para trás um forte legado que permanece até hoje. As coisas nem sempre acabam assim, mas em minha experiência nada jamais se perde ao abrir espaço para o surgimento surpreendente e sobrenatural de um sim.

LINKS
2 Aposte alto — p. 28
8 Contrate os melhores — p. 50

23 Teste antes

Qual o maior erro que você já cometeu como líder? Essa é uma das perguntas que ouço com mais frequência desde que comecei a orientar pastores e líderes de igreja.

Minha resposta é sempre a mesma: "Colocar pessoas em importantes funções de liderança sem as testar primeiro". As piores calamidades gerenciais que causei — aquelas nas quais as pessoas ficaram profundamente machucadas — podem relacionar-se ao meu otimismo exagerado, que colocou pessoas em funções que elas não estavam preparadas para exercer.

As piores calamidades gerenciais que causei — aquelas nas quais as pessoas ficaram profundamente machucadas — podem relacionar-se ao meu otimismo exagerado, que colocou pessoas em funções que elas não estavam preparadas para exercer.

Mais vezes do que gosto de admitir, abri caminho a pessoas com responsabilidades ministeriais importantes antes de analisar adequadamente sua profundidade espiritual, sua habilidade nos relacionamentos, sua capacidade de operar eficientemente dentro de um ambiente de equipe e sua aptidão para lidar com uma crise. Repetidas vezes uma penalidade dolorosa foi paga por todos.

Mas como você encontra líderes em formação?

Em 1Timóteo 3.10, está escrito que, se pessoas querem liderar na igreja, "devem ser primeiramente experimentadas". Assim, em deferência a essas quatro palavras críticas, comecei a estabelecer experimentos que iriam "primeiro testar" jovens que eu pensava que pudessem se tornar líderes um dia. Eu lhes pediria que ajudassem a resolver alguns problemas práticos da igreja para que eu observasse como responderiam a um desafio, como estabeleceriam a confiança em uma equipe e como agiriam quando situações difíceis surgissem. (E elas *sempre* surgiam.)

Depois de alguns anos de experimentação, um homem generoso deu à Willow Creek dinheiro destinado à construção de um acampamento na floresta ao norte de Michigan. Regularmente, eu reunia oito ou dez líderes potenciais que eu mal conhecia e dizia: “Vocês acham que podem ajudar a igreja com um projeto no norte?”.

Eu transportava essas almas dispostas em uma *van* e as conduzia à Upper Peninsula para quatro ou cinco dias de trabalho extenuante cortando árvores e transportando materiais que usávamos para construir cabines rústicas e um alojamento para refeições. É certo que estávamos construindo um acampamento, mas eu tinha motivações veladas. Estava experimentando líderes que havia trazido comigo para ver quem arregaçaria suas mangas e quem desistiria; quem empilharia madeira para que outros tivessem banhos decentes e quem ficaria debaixo d’água quente por uma hora, indiferente ao que isso faria à pilha de madeira.

O acampamento Paradise emergiu de todos esses meses de trabalho duro. Igualmente importante, no entanto, foi o resultado imensurável: uma lição para toda a vida que me dizia para *nunca* colocar alguém em uma função importante de liderança sem antes testá-lo — de modo íntimo e pessoal.

Com o passar dos anos, à medida que a Willow se expandia, meus experimentos também se ampliaram. Por exemplo, eu levava equipes de pessoas para viagens de barco comigo. Poucos segredos sobre coisas ou pessoas permaneciam após passarmos sete dias ininterruptos juntos em um barco de quinze metros de comprimento. Essas viagens me forneciam percepções críticas sobre desenvolvimento de líderes mais que qualquer outro ambiente. Em um veleiro, depois do jantar e das louças lavadas, tudo o que resta a fazer antes de ir para cama é conversar. E nós conversávamos — por horas.

Outras vezes, eu levava pessoas comigo em viagens. Como agiam quando perdiam a bagagem? O que diziam quando uma reserva de hotel era cancelada? Como se comportavam em momentos de vulnerabilidade?

Às vezes eu colocava pessoas em forças-tarefas para determinado fim, apenas para observar como reagiriam em um ambiente de equipe. Sediamos certa vez um enorme evento sobre evangelismo na Willow que envolveu a participação de toda a comunidade em sua produção. O *show* incluía música e roteiro criados especialmente para ele, e nós acreditávamos que representava uma grande promessa para nossa igreja. De fato, pela graça de Deus, acabamos influenciando mais de quarenta mil pessoas no curso de oito apresentações.

Três semanas antes da noite de estreia, iniciamos os ensaios no palco. Pediram-me para fazer comentários sobre o que eu achava do programa, mas, em vez de ir sozinho, decidi pedir a um grupo de líderes potenciais que fossem comigo. Eles acreditavam que estavam ali para fazer comentários sobre como poderíamos melhorar o desempenho, mas eu estava fazendo uma avaliação de cada um deles.

Para minha surpresa, a despeito de minha suposição de que *todos* aqueles doze homens e mulheres estavam qualificados como líderes potenciais ou membros da diretoria da igreja, o resultado final daquele teste particular indicou que apenas um reunia as condições necessárias. Por certo os outros tinham experiência suficiente, eram estratégicos o suficiente, concentrados no Reino o suficiente para ajudar nossa igreja em outras áreas, mas em meu julgamento apenas um deles estava pronto para desempenhar uma função importante na Willow. Estou tão contente de ter feito aquele teste!

Ainda hoje crio testes múltiplos para quase todos os líderes que possam vir a assumir responsabilidades importantes em nossa igreja. Isso requer muito trabalho, mas a compensação é enorme. Eu desafio você a fazer o mesmo; faça alguns experimentos do tipo "teste primeiro" e observe se eles o ajudarão também.

LINKS
7 Um proprietário ou um assalariado — p. 44
8 Contrate os melhores — p. 50

24 Portadores de DNA

Digamos que você acorde amanhã e decida abrir uma concessionária de veículos. Por ser uma pessoa que sempre superou todas as expectativas, ela não será apenas *mais uma* concessionária. Não, esta concessionária baterá todas as outras existentes. Tratará as pessoas com honra, respeito e compreensão. Os preços serão justos. O serviço será completo. A comunicação será clara; o acompanhamento, rápido.

Você começa a fazer planos sobre como esses valores serão aplicados. Arrepios de empolgação atravessam você quando considera as muitas possibilidades. "Permitiremos testes mais longos dos veículos!", você pensa. "Forneceremos carros-reservas mais sofisticados quando os clientes necessitarem de manutenção! Faremos ligações pessoais para os clientes depois de consertarmos seus carros a fim de nos certificarmos de que tudo está funcionando apropriadamente e todas as suas perguntas foram respondidas."

Você crê que está destinado ao sucesso, porque está determinado a ser uma concessionária com consciência. Este é o sonho que você está perseguindo e este será o diferencial-chave entre a sua loja e todas as outras na cidade.

Assim, você começa o seu negócio e se alegra pelo fato de que tudo está se desenvolvendo maravilhosamente bem. Ou seja, até que você contrata o primeiro grupo de funcionários. Eles não possuem o mesmo sonho. Não têm o mesmo nível de paixão. Não conseguem entender por que você fica furioso quando acidentalmente se esquecem de fazer os telefonemas de acompanhamento.

Qual é a fonte do problema? Os empregados? Talvez. Mas o *verdadeiro* culpado é o fato de que você está carregando o DNA da organização sozinho.

Grandes líderes sabem que quando reúnem equipes ao seu redor não podem meramente designar tarefas às pessoas apenas para livrar-se delas em uma lista. Ao contrário, eles devem lançar uma campanha geral de infusão de DNA para se certificarem de que todos estejam juntos em relação aos "valores".

Grandes líderes sabem que quando reúnem equipes ao seu redor não podem meramente designar tarefas às pessoas apenas para livrar-se delas em uma lista. Ao contrário, eles devem lançar uma campanha geral de infusão de DNA para se certificarem de que todos estejam juntos em relação aos "valores".

Grandes líderes gastam tempo para explicar à sua equipe o que toca profundamente seu coração — que questões têm real importância para eles e por quê. Dessa maneira, grandes líderes mostram aos membros de sua equipe como demonstrar aos outros esse DNA. Apelam ao desejo de seus empregados de fazerem parte de algo muito prazeroso e transformam em herói cada um que se mostra à altura do desafio. É certo que a decisão final está nas mãos do empregado — "Você irá ou não viver tudo o que significa ser parte desta organização?" —, mas líderes eficientes desafiam e inspiram seus liderados a se tornarem portadores autênticos do DNA.

Não é surpresa que Jesus fosse o mestre em se tratando disso. Ele passou por várias situações com seus seguidores a fim de reforçar os valores que, ele cria, deveriam caracterizar o movimento do Reino. Pelas suas ações, Jesus mostrou aos seus discípulos que coisas como coragem, humildade e perseverança seriam recompensadas. E que o egoísmo, o orgulho e o julgamento não seriam. (Os fariseus odiaram aquele dia quando seu plano de apedrejamento foi desbaratado e uma mulher adúltera saiu livre do local.)

Jesus incentivou os que estavam fazendo progresso no DNA e repreendeu os que tomaram a direção errada. Penso em Mateus, que Jesus elogiou por receber seus companheiros marcados pelo pecado, cobradores de impostos, poucas horas após ele mesmo ter cruzado a linha da fé. "Muito bem, Mateus", Jesus provavelmente disse. "Compaixão, inclusão, ação conduzida pelo Espírito — você é um autêntico portador de DNA."

Quão inspirador é ouvir essas palavras do seu líder!

porta

Precisamos reconhecer que Jesus se deu ao luxo de começar uma operação desde o início. Ele não assumiu a igreja depois do seu predecessor ter feito uma bagunça. Ele foi um tipo de pastor fundador, e, quer tenha sido assim para você também quer não, você não está fora do alcance do DNA. Se você não teve a alegria (ou a dor!) de começar sua própria organização, meu conselho é que estude a história e a identidade do que ocorreu na organização antes de você chegar. Ela tinha alguns valores: cuidadosamente discirna o que deveria ser honrado e continuado no futuro. Elogie as pessoas que os têm vivido. Então, no tempo certo, comece a ensinar a todos o novo DNA.

Visitei recentemente uma catedral em Durham, Inglaterra, com alguns membros da equipe da WCA que haviam se unido a mim naquele trecho da viagem. O lugar tem quase mil anos e gotejava história. À saída, um de meus colegas sorriu e disse: "Ei Bill, o que você faria se fosse ungido bispo aqui amanhã?".

"Eu seria o bispo novo em folha de uma igreja de mil anos", eu disse. "Bem, vou dizer o que *não faria*. *Não exporia* uma nova visão em minha primeira semana de trabalho. Isso seria um suicídio pastoral! Eu estudaria a história dessa congregação até que a conhecesse melhor que qualquer outra pessoa no lugar. Eu então exaltaria toda parte dessa história que merecesse ser exaltada. Talvez isso levasse meses para ser feito, mas que fosse. Somente depois que todos soubessem que eu valorizava o passado, começaria a inspirar as pessoas com o DNA que eu entendesse que nos levaria a um futuro que glorificasse a Deus. E, com a ajuda dele, quem sabe..., os próximos mil anos talvez vissem essa igreja escrever uma nova história!"

LINKS

14 Valores necessitam de calor — p. 68

21 Os três Cs — p. 93

38 Orientação em tempo real — p. 140

25 SEM SURPRESAS DE ÚLTIMA HORA, POR FAVOR

Liderança deve ser um processo que olhe para frente. Parte do que isso significa é que líderes gostam de conhecer os problemas enquanto eles ainda são pequenos para que não cresçam e se tornem monstros enormes que ameacem a organização e possam comprometer o ímpeto de realização da missão. Líderes gostam de estar *preparados*. Gostam de ter planos de contingência A, B e C estabelecidos para que armadilhas sejam evitadas e a oposição possa ser derrotada. É para isto que líderes foram criados por Deus.

Granadas inesperadas pedem a uma pessoa pró-ativa que se torne reativa, a um solucionador de problemas bem encaminhado que se torne um bombeiro e a um planejador de longo prazo que concentre todas as energias apenas nas próximas vinte e quatro horas.

Uma das coisas mais danosas que um colega pode fazer a um líder, portanto, é jogar uma surpresa de última hora sobre seu colo. Granadas inesperadas pedem a uma pessoa pró-ativa que se torne reativa, a um solucionador de problemas bem encaminhado que se torne um bombeiro e a um planejador de longo prazo que concentre todas as energias apenas nas vinte e quatro horas que se seguirão.

Eu tive meu quinhão de granadas nos primeiros dias da igreja. Eu havia encomendado orçamentos ministeriais a membros da equipe para que ao fim de nosso ano fiscal eles me dissessem: "A propósito, este ano vou exceder meu orçamento em vinte e sete mil dólares." Meu nível de frustração aumentaria instantaneamente. Por certo esta foi uma traição pessoal.

"Como você *pôde* fazer isso?", eu murmurava enquanto o lançador de granadas saía do meu escritório.

A reunião da diretoria chegaria e eu assumiria a responsabilidade pelo prejuízo colossal. "Se meus colegas tivessem me dado mais tempo para reagir às más notícias", pensava, "eu poderia ter elaborado um plano para atenuar seus efeitos ou mesmo mudar a situação." Quando você tira a vantagem do tempo do líder, limita sua habilidade para resolver problemas.

Muitos anos atrás, o diretor financeiro da Willow entrou em meu escritório e me disse pouco antes do fim do ano que teríamos um "problema de seguro" da ordem de quase um milhão de dólares. A diretoria reagiu como uma diretoria deveria agir, e eu pior que isso.

No dia seguinte, fiz uma visita ao escritório do executivo com uma única pergunta: "Há quanto tempo você sabia do déficit?".

"Seis meses", foi sua resposta.

Seis meses!

Talvez ele esperasse que o arrebatamento da igreja acontecesse antes que eu descobrisse — não sei. Tudo o que sei é que, por ele ter preferido manter esta informação em segredo, toda a nossa organização foi comprometida.

Por fim, desenvolvi um axioma ao redor desse conceito e comuniquei-o a todos em minha equipe de líderes. "Nenhuma surpresa de última hora, pessoal. Combinado? Na verdade, não vamos permitir nem as surpresas de *penúltima* hora e ver como funciona por um tempo."

Expliquei a eles que, se observassem algo saindo dos trilhos, eu gostaria de saber em poucos *dias* a respeito do problema. "Se sei sobre algo previamente, talvez possa reunir uma equipe para enfrentar a questão. Todos concordamos com isso?"

Seria difícil descrever quanta tensão este princípio tem removido de minha vida. Cheguei a pedir a membros da equipe em processo de desligamento para dar-me o máximo de informação possível. Isso nos dá mais tempo para poder identificar uma substituição com o mínimo de trauma ao nosso ministério.

O valor que propõe o fim das "surpresas de última hora" é algo que o líder tem de despertar de modo consistente em *todos* os liderados para que por fim se torne uma norma cultural. Faça o máximo de barulho e com a máxima frequência: "Quero um ambiente que ajude a manter a pressão arterial estável, o quociente de loucura baixo, os exercícios de fogo e os dramas em níveis mínimos. Por favor, sem surpresas de última hora".

LINKS
31 Dê as más notícias primeiro — p. 122
39 Só para ser claro — p. 142

como

26 # Como você está de verdade?

Na cultura americana, quando você pergunta às pessoas como elas estão, eles quase sempre respondem "bem". Assim, se quiser comunicar que está verdadeiramente interessado em ouvir a verdade sobre o que está se passando no mundo interior dessa pessoa, e se quiser dar a ela permissão para lhe responder honestamente, então tem de fazer a pergunta de um modo um pouco diferente: "Como você está... *de verdade*?"

Não quero que o ministério se torne tão profissional e eficiente que o relacionamento e a comunidade fiquem espremidos no meio dele. Seria uma farsa passar meio dia em reuniões com uma colega e então descobrir mais tarde que ela havia dormido em uma sala de emergência ao lado de um parente enfermo na noite anterior. Eu não poderia separar trinta segundos da agenda para conferir se ela e outros membros da equipe estavam bem naquele dia? Se um dos membros de minha equipe está preocupado, frustrado ou distraído de um modo significativo, quero saber o que está acontecendo. E não apenas em nome da liderança, mas também em nome do amor.

Colocado de modo bem simples, seus liderados têm de saber que é legal admitir que, enquanto podem estar sentados à mesa da sala de conferências com um sorriso nos lábios e uma roupa da moda, nada está bem ou apropriado no interior.

Em Gálatas 6.2, o apóstolo Paulo diz que cumprimos a lei de Cristo quando concordamos em "carregar os fardos uns dos outros". As pessoas que você lidera têm de saber que são parte de uma equipe de carregadores de fardos. Têm de saber que há uma avenida para que comuniquem qualquer calamidade pessoal ou profissional que estejam enfrentando. Têm de saber que podem confiar em seus colegas para ouvi-las. Colocado de modo bem simples, seus liderados têm de saber que é legal admitir que, enquanto podem estar sentados à mesa da sala de conferências com um sorriso nos lábios e uma roupa da moda, nada está bem ou apropriado no interior.

Uma atitude que tenho tido milhares de vezes no passar dos anos é a de separar os primeiros minutos de minha reunião com a equipe de líderes para ter uma leitura do estado emocional de cada uma das pessoas que dela participam. Eu digo algo como: “Pessoal, iremos passar as próximas três ou quatro horas juntos trabalhando em temas importantes que afetam nossa igreja. No entanto, antes de mergulharmos nas tarefas, gostaria que cada um de vocês respondesse um após o outro a pergunta, ‘Como você está... de verdade?’ Eu sei que todos *parecem* ótimos, mas *estão* realmente ótimos? Deem a nós um minuto ou dois de reflexão nessa pergunta, e então trataremos das questões administrativas que precisamos tratar”.

Quase sempre, a primeira pessoa diz: “Como estou indo de verdade? Estou bem. Tive um tempo fantástico com Deus nesta manhã, meus relacionamentos são ricos, me sinto forte e revigorado em relação às coisas nas quais estou envolvido e alegre por estar aqui com todos vocês. Estou bem”.

A pessoa seguinte diz: “Como estou indo... de verdade? Bem, não tão bem, para ser muito honesto. Logo depois desta reunião, minha esposa e eu levaremos nosso filho a um especialista. As coisas não andam bem com sua saúde e estou triste em meu espírito”.

Depois que todos falam, oramos por todas as situações — as boas, as ruins e as terríveis. A experiência não toma muito tempo, mas o resultado é significativo. Ao passarmos para a parte administrativa da reunião, nós nos sentimos compreendidos como indivíduos e unidos como equipe.

Anos atrás, um líder experiente da nossa equipe tinha três filhos adolescentes que eram ótimos, mas testavam os limites em se tratando de personalidade. Semana após semana ele nos entreteria com seus mais recentes atos de terror; por fim, eu fazia a devida atualização iniciando o encontro com uma frase do tipo: "Bem, o que o Bobby fumou nesta semana?". Todos ríamos bastante, mas por trás de toda brincadeira ele sabia que o nosso interesse era sincero. Sabia que desejávamos que sua família vencesse e, de uma maneira estranha, penso que fazer piada com seus colegas de equipe sobre as lutas que ele e a esposa enfrentavam para educar seus filhos lhe dava força extra para a jornada.

Toda a equipe acompanhou outra colega passar pela perda do seu pai já bastante idoso. Durante um longo período de cinco anos, a situação evoluiu da ida à casa dele para alimentá-lo todas as noites até sua mudança para uma casa de repouso, à contratação de cuidado vinte e quatro horas, da limpeza da baba de seu rosto enquanto se acomodava com dificuldade em sua cadeira de rodas às quedas quase fatais e outras emergências. Todos nós fomos ao enterro do seu pai. Ficamos ao lado dela, que é onde estivemos desde o primeiro dia. Que honra. Até hoje ela diz que aqueles pequenos diálogos sobre a coisa mais importante que estava acontecendo em sua vida eram um bálsamo para o seu coração toda semana.

Por certo vocês terão de limitar os "falantes" na equipe, estimular os tipos calados e reunir força quase sobrenatural para encorajar os que têm lidado com golpes duros. No entanto, ao criar uma atmosfera de comunidade genuína, vocês manterão o coração aberto uns para com os outros, suas orações coletivas mais concentradas, e a "igreja" no trabalho da igreja.

LINKS

30 Preste atenção às saudações e às despedidas — p. 119

42 Tivemos o privilégio de fazer isto juntos! — p. 151

56 Velocidade *versus* alma — p. 199

27 Tenha as pessoas certas ao seu redor

Muitas pessoas iriam suspirar de horror se soubessem quantas vezes a Willow encarou um desafio de grandes proporções, e que eu, o líder mais experiente, não tinha a mínima ideia de como resolver tudo aquilo.

Há mais de três décadas começamos a igreja e imediatamente necessitamos de um espaço onde pudéssemos ter cultos nos fins de semana. Eu era novo na comunidade e não tinha a mínima ideia de como obter uma instalação. Mas eu estava confiante de que encontraríamos um lugar para chamarmos de lar.

Anos depois, precisamos de uma propriedade para que pudéssemos ter uma sede definitiva. Eu sabia muito pouco sobre aquisição de terras, mas de novo estava confiante de que as coisas funcionariam.

Muitas pessoas iriam suspirar de horror se soubessem quantas vezes a Willow encarou um desafio de grandes proporções que eu, o líder mais experiente, não tinha a mínima ideia de como resolver.

Quando finalmente estávamos preparados para levantar nosso primeiro edifício, precisamos obter financiamento e passar por um processo de zoneamento. Eu nunca havia experimentado uma audiência de zoneamento e não tinha ideia sobre os pontos mais importantes do financiamento para construção. Se tudo daria certo? Eu estava convicto que sim.

Com o passar dos anos, nossa igreja navegou por todos os tipos de águas inexploradas. Houve suicídios, divórcios, processos, naufrágios e, certa vez, até mesmo um arrombamento. Alguém entrou em nossa área de contabilidade onde dízimos e ofertas semanais eram guardados e roubou o cofre com a oferta do fim de semana. Esse foi um telefonema memorável na madrugada.

Eu poderia continuar com os exemplos, mas o argumento é o seguinte: quando uma situação realmente difícil se apresenta e você é o líder, o que faz quando não sabe o que fazer? Em todas as ocasiões, em vez de impor minhas ideias, jogar cara ou coroa, ter um ataque de fúria ou desistir, eu simplesmente resolvia ter as pessoas certas ao meu redor. Eu imaginava que, se as pessoas certas estivessem ao meu redor, certamente Deus falaria por meio delas ou de mim ou por meio da nossa conversa coletiva e nos mostraria qual direção tomar.

Tenha as pessoas certas ao seu redor. Eu acredito neste princípio como acredito na gravidade. Realmente penso que todo problema sério conhecido pela humanidade é contornável e solucionável quando as pessoas certas são convidadas para o diálogo.

Isaías 54.17 promete que nenhuma arma criada contra nós prevalecerá. Eu tomo esse versículo para dizer que, com a ajuda do céu, não há absolutamente nenhuma razão para que pessoas brilhantes e piedosas não possam solucionar qualquer questão que ameace derrubá-las.

É parte do grande drama da liderança que poucas pessoas entendam essa ideia de que, em qualquer situação, uma pessoa pode expressar uma frase em um momento particular que simplesmente pare o tempo. Todos na sala são tomados pelo sentimento de que finalmente uma névoa intensa está se dissipando. Você nunca sabe quando aquela grande mudança ocorrerá, mas que grande aventura é essa de ficar até que ela finalmente aconteça! Quase sempre após uma reunião em que experimentamos um grande progresso eu volto para casa, pensando: "Eu nunca esperava que essa pessoa em particular catalisasse o avanço, mas, sabe, ela foi exatamente a pessoa que Deus usou para fazer isso. Não há dúvidas a respeito, essa mulher foi a pessoa certa para se ter à mesa hoje".

Há ainda dezenas de problemas muito complicados e aparentemente insolúveis em minha pauta de liderança hoje, mas levanto todas as manhãs com a confiança de que, se um punhado de pessoas inteligentes que amam a Deus, a igreja e umas às outras dedicarem tempo adequado a esses problemas, não há montanha que não possa ser removida.

LINKS
10 O valor de uma boa ideia — p. 55
43 Um dia de céu azul — p. 157

28 Saiba quem está dirigindo

Perto do encerramento de quase toda reunião de que participo, faço a pergunta: "Quem está dirigindo?". Não pergunto apenas para o meu benefício; falo por todos os outros participantes. Quero alguém com a responsabilidade de conduzir uma reunião bem-sucedida. Quero que alguém declare que está de fato no controle da reunião. Essa pessoa nos conduzirá com confiança, irá assegurar a discussão de toda a agenda e administrará a energia e o ritmo da reunião. Essa pessoa também assumirá a responsabilidade pela inclusão dos que processam informações lentamente e por acalmar os "faladores-rápidos" como meu amigo Henry Cloud os chama, além de destacar as faltas quando estas forem cometidas.

Quem está dirigindo? Trata-se de uma pergunta crítica antes que a reunião comece, e é uma pergunta crítica a ser refeita quando a reunião estiver perto do fim. Antes de dispensar qualquer sessão de trabalho substancial, olho para a pessoa que estava no comando e digo: "Você estava dirigindo essa reunião, certo? Irá certificar-se de que as tarefas serão realizadas e que o *follow-up* será feito como deve?"

Se ninguém declara estar na direção, então raramente a reunião resultará em algo.

Se ninguém declara estar na direção, então raramente a reunião resultará em algo. Tenha alguém na liderança para começar. Você não se arrependerá.

Um último pensamento sobre esse conceito. Nos primeiros dias da Willow, a pergunta "Quem está dirigindo?" raramente tinha de ser feita. Estou constrangido de dizer que eu era o dirigente autonomeado de quase todas as reuniões.

À medida que fui amadurecendo como líder, no entanto, comecei a ver que deixar outras pessoas "dirigir" as reuniões era uma parte fundamental de seu desenvolvimento como líderes. Hoje, a razão pela qual tenho de perguntar quem está dirigindo na frequência que pergunto é porque estou tentando levantar dezenas de dirigentes habilidosos em nosso ministério. Será que não é hora de fazer o mesmo em seu contexto?

LINKS

39 Só para ser claro — p. 142

54 Todo soldado merece comando competente — p. 193

29 Velocidade do líder, velocidade da equipe

A mais poderosa frase de Jesus sobre liderança tem apenas uma expressão: "Segue-me". O apóstolo Paulo disse aos crentes que o imitassem assim como ele imitava Cristo.[1] *Sigam-me, imitem-me*: ambas as declarações referem-se ao poder da liderança pelo exemplo.

Uma série de perguntas se aloja na mente dos seguidores — perguntas que podem ser mais bem respondidas simplesmente observando-se seu líder. Quando os liderados se perguntam quão alegres deveriam se sentir com seu trabalho, tudo o que deveriam fazer é observar o nível de alegria de seu líder. "Quão alegre ele está?", eles se perguntam. "Quão alegre ela está? Porque é o quanto eu estarei alegre!"

Quando eles se perguntam quão determinados devem ser em suas funções, tudo o que deveriam fazer é observar o nível de determinação de seu líder. "É quão determinados nós estaremos!"

Quando eles se perguntam quanto crédito deveriam dar a outros quando boas ideias são implementadas, quando se perguntam quão graciosos deveriam ser com seus pares, quando se perguntam quão rápidos deveriam ser em admitir seus erros, quando se perguntam quanta fé deveriam ter, tudo o que deveriam fazer é olhar para o seu líder, e esses liderados teriam suas respostas. Certo?

Os líderes nunca devem esperar de outros nada mais do que eles mesmos estejam dispostos a entregar. Eles nunca devem esperar níveis

[1] 1Coríntios 4.16

de compromisso, criatividade, persistência ou paciência maiores do que eles mesmos manifestam regularmente.

Se você não pode dizer "Siga-me" a seus liderados — e realmente querer dizer isso — então tem um problema. E dos grandes. A velocidade do líder é a velocidade da equipe.

Se você não pode dizer "Siga-me" a seus liderados — e realmente querer dizer isso — então tem um problema. E dos grandes.

"Sigam meus valores. Sigam minha integridade. Sigam meu trabalho ético, meu compromisso e meus padrões de comunicação. Lutem como eu luto. Concentrem-se como eu me concentro. Sacrifiquem-se como eu me sacrifico. Amem como eu amo. Arrependam-se como eu me arrependo. Admitam o erro como eu admito o erro. Aguentem a dificuldade como eu aguento." Quando ações indispensáveis os apoiam, estas são as palavras que fazem com que o coração dos liderados voe bem alto.

LINKS

7 Um proprietário ou um assalariado — p. 44

54 Todo soldado merece comando competente — p. 193

65 Lidere com todo o interesse — p. 228

74 Você cresce quando admite que errou — p. 252

30 Preste atenção às saudações e às despedidas

Líderes são movidos por causas que os afetam profundamente. Eles veem pessoas vivendo nas ruas e têm de fornecer recursos. Eles veem pessoas sofrendo enfermidades tratáveis e não conseguem evitar a procura por remédio, bem como encontrar um modo de fazer chegá-los aos que dele necessitam. Eles veem pessoas errantes que desistiram de Deus e moverão céus e terra para acompanhá-los de volta para casa.

Em verdade, parte do padrão de conexão dos líderes é que eles possuem uma enorme influência voltada à ação. Como consequência, a maioria deles levanta de manhã com paixão renovada e dada por Deus para mover cada um dos atores em sua organização um passo mais próximo da realização da missão.

É lógico, então, que um líder pareça, na maior parte do tempo, um ferro a vapor e, na menor, um colega cuidadoso e compassivo. Quando um líder entra em uma reunião, por exemplo, normalmente tem apenas uma coisa em mente: *o progresso da missão*. Há problemas a serem resolvidos, estratégias a serem criadas, recursos a serem levantados e incêndios relacionais a serem apagados. Naturalmente, porque a mente do líder está singularmente concentrada na "tarefa", as outras pessoas na sala podem ser facilmente negligenciadas. Quando a hora chega, o martelo é batido e o líder está pronto para resolver o negócio. É da natureza do líder.

Já estive em centenas de reuniões com outros líderes e posso normalmente prever a linguagem que o líder usará quando a hora da reunião se aproxima:

"Prontos para começar?"

"Vamos começar?"

"Mergulhemos."

"Abrirei com uma oração e em seguida vamos direto ao assunto para não perdermos tempo."

Eu fico empolgado toda vez que ouço essa linguagem do tipo "vamos trabalhar", porque costumava fazer a mesma coisa na Willow. Até eu dividir um táxi certa vez com um líder que respeito profundamente. Estávamos a meio caminho de nossa corrida para o aeroporto quando ele se virou para mim e fez uma pergunta muito estranha: "Bill, você sabe qual é a parte mais importante de uma reunião?".

Eu pensei em várias respostas: a agenda, as decisões, as conclusões. "Deve ser uma pergunta capciosa," eu pensei. "Aonde ele quer chegar?"

Antes que eu respondesse, ele disse: "Você provavelmente pensa que é a agenda, mas não é. Bill, meu amigo, a parte mais importante de toda reunião é a saudação e a despedida".

"Por que você diz isso?", perguntei.

"Bill, todos os que trabalham para líderes motivados carregam com eles um preocupação de que esse líder irá usá-los e então descartá-los; que, à parte de executarem a agenda do líder, não sejam necessários. No íntimo, eles simplesmente querem saber que são mais que apenas um dente na engrenagem de alguém."

Ele continuou explicando que, embora pudesse ser caracterizado como líder ativista, ele havia estabelecido uma prática que o ajudou a contrabalancear sua ênfase exagerada na tarefa e comunicar cuidado para com os membros da direção e colegas com quem trabalhava. "Eu adquiri o hábito de dar uma saudação entusiasmada, genuína, calorosa, altamente relacional de olho no olho a toda pessoa sentada ao redor da mesa antes mesmo de *pensar* em começar a reunião."

"Eu adquiri o hábito de dar uma saudação entusiasmada, genuína, calorosa, altamente relacional de olho no olho a toda pessoa sentada ao redor da mesa antes mesmo de pensar *em começar a reunião."*

Como se isso não fosse suficiente, ele me disse, prestava igual atenção à *última* coisa que acontecia na sala de reuniões. "É isso o que as pessoas irão lembrar," ele disse. "Assim, quando termino uma reunião, dirijo-me o mais rápido possível à porta para fazer um caloroso agradecimento a todos os membros enquanto saem. Não importa quão intensa a reunião tenha sido, eles recebem garantia direta de que fiquei grato por sua contribuição."

Lembro-me de ter ficado muito impressionado quando ouvi que esse líder adotou as saudações e as despedidas, mas não conheceria a força de sua perspectiva até eu mesmo prová-la. Os membros de minha diretoria inconscientemente serviram de minhas cobaias. Em nossas reuniões seguintes, eu os saudei efusivamente. E individualmente. E enquanto os olhava nos olhos.

Após a reunião, eu me despedia com apertos de mão e palavras sinceras de agradecimento. Sabe que quase que imediatamente nossas reuniões melhoraram? A frequência aumentou, o moral melhorou, o espírito com o qual conduzimos nossos afazeres melhorou e a reticência que alguns deles tinham sobre continuarem como membros dissiparam-se no ar. Foram todas mudanças que eu poderia relacionar às minhas saudações e despedidas. Experimente.

LINKS

26 Como você está de verdade? — p. 109

42 Tivemos o privilégio de fazer isto juntos! — p. 151

56 Velocidade *versus* alma — p. 199

66 No fundo do meu ser — p. 231

atenção

31 DÊ AS MÁS NOTÍCIAS PRIMEIRO

Se você é o porta-voz principal da sua organização, esta pequena e importante dica de comunicação será sua amiga: sempre dê as más notícias primeiro.

Aprendi a duras penas que aquilo que você deixa com alguém ao final de qualquer comunicado — quer escrito quer verbal, em grupos grandes ou pequenos — dá o tom de como essa pessoa se sente em relação ao futuro da organização ou do empreendimento.

Se tenho cinco informações importantes a dar a meus diretores, à minha congregação ou à minha equipe e duas delas são ruins, estas são as duas com as quais começo. "Tenho algumas coisas a comunicar e as primeiras duas serão difíceis de serem ouvidas", eu direi. "Não quero fingir o contrário." Então, não de uma maneira envergonhada ou acusatória, mas de um modo claro, conciso e objetivo, explicarei o que deu errado e por quê. "Esse ministério não correspondeu aos planos" ou "Não atingimos nosso alvo de 50% na primeira metade do ano".

Uma vez dadas as más notícias, estou livre para mudar de postura. "Por outro lado, tenho algumas ótimas notícias para dar sobre outras coisas..."

Então, antes de despedir a todos, resumo o que abordei de um modo positivo: "Recapitulando, estas são algumas coisas sobre as quais ainda não podemos nos alegrar. Mas, por favor, ouçam-me bem: ainda estamos nos movendo em direção ao futuro com plena confiança em Deus, crendo que ele irá fazer algo fantástico pelos nossos esforços e com eles".

Tenho visto tantos líderes desperdiçar uma reunião alardeando suas boas notícias primeiro, e então, antes de terminá-la, dizer: "Agora antes de deixá-los partir, nós realmente precisamos falar sobre um assunto em particular". Eles se arrastam em todos os detalhes sangrentos do fracasso da equipe, encerram com uma oração em tom sinistro e deixam todos deprimidos porque tudo o que conseguem lembrar da reunião é aquele "assunto" que foi algo deprimente no fim.

A diferença entre uma comunicação excelente e uma combinação não tão boa frequentemente está na posição em que você apresenta as más notícias.

A diferença entre uma comunicação excelente e uma combinação não tão boa frequentemente está na posição em que você apresenta as más notícias. Por certo elas têm de ser anunciadas. Mas, como líder, tente comunicá-las primeiro. Supere-as e então continue com algo que deixará seus liderados em situação bem melhor.

LINKS

30 **Preste atenção às saudações e às despedidas — p. 119**

52 **Fatos são seus amigos — p. 186**

32 | # O TÚNEL DO CAOS

Uma das maiores contribuições que o autor e psiquiatra M. Scott Peck deu a este mundo foi lançar luz sobre as diferenças entre participar de uma comunidade genuína e experimentar o que chamamos de "pseudocomunidade".

Se a comunidade envolve coisas como conhecer e ser conhecido, servir e ser servido, amar e ser amado e celebrar e ser celebrado, então a maioria dos relacionamentos, Peck afirmou, está constantemente regredindo para a pseudocomunidade. Trata-se de uma grande tentação para pequenos grupos de pessoas que chegam a um estado em que não falam *completamente* a verdade e não celebram uns aos outros, mas, ao contrário, toleram-se, acomodam-se e concordam em conformar-se com as questões veladas que os separam.

Trata-se de uma grande tentação para pequenos grupos de pessoas chegarem a um estado em que não falam completamente a verdade e não celebram uns aos outros.

Anos atrás, o que chamou minha atenção sobre o conceito de Peck foi a percepção de que, para sair da pseudocomunidade rumo à comunidade genuína, você tem de sofrer um pequeno caos. Para livrar-se da falsidade, alguém tem de encarar os fatos e falar bem alto: "Até onde posso dizer, não estamos experimentando verdadeira comunhão aqui. Não estamos onde eu desejo que estejamos. Francamente, estou me segurando. Não estou lhes dando os últimos 2% do que estou pensando. E também não estou de fato ouvindo o que vocês têm a dizer".

Quando ensinei sobre essa ideia na Willow, desenhei dois círculos em um pedaço de papel e rotulei o círculo à esquerda de "Pseudocomunidade", e o círculo à direita de "Verdadeira Comunidade".

"Todos nós queremos ter a verdadeira comunidade", eu disse, "mas nos encontramos na pseudocomunidade. Como podemos mudar de um lugar para o outro?"

Eu acrescentei outro elemento ao desenho, um túnel que conectava os dois círculos. "Você tem de estar disposto a entrar em um túnel", eu expliquei, "um túnel chamado caos."

Enquanto eu continuava, pedi à congregação que pensasse nos três relacionamentos mais importantes de sua vida, tais como os com seus cônjuges, membros da família, amigos próximos ou sócios. "Quantos de vocês sabem que estão estabelecendo uma pseudocomunidade com no mínimo uma dessas três pessoas?"

Mais da metade da multidão ergueu suas mãos — muito interessante, dado o fato de que ninguém em sã consciência *quer* viver em uma comunidade menos verdadeira.

Estamos acostumados ao que é pseudo em vez de exigir o que é real por uma simples razão: medo. "E se trazer o assunto à tona piorar as coisas?", pensamos. "E se avaliar a situação servir apenas para arruinar o relacionamento?"

Para esses medos e outros, há somente uma resposta: o túnel. Por mais assustador que seja entrar no túnel, os que entram são os que mais provavelmente sairão dentro da luz do dia revigorante da verdadeira comunidade.

Já estive em centenas de situações do tipo pseudocomunidade, nas quais a única opção foi convidar a outra pessoa a entrar no túnel. Nós nos assentávamos um em frente ao outro em um restaurante, nosso alimento era servido e chegávamos àquele ponto estranho e terrível quando não havia mais nada a dizer exceto algo que tinha de ser dito. "Muito provavelmente esta será uma conversa difícil", eu começava, "mas estou comprometido a trabalhar nisso o quanto for necessário."

E então a reciprocidade se iniciava, ao recontarmos os passos que haviam levado ao fim do nosso relacionamento: "Eu quis dizer isso", e "Você entendeu aquilo", e "Eis onde eu penso que perdemos o rumo".

Caos seria na verdade um modo comportado de descrever algumas das mudanças que experimentei nesse aspecto. Às vezes tudo parece completamente assustador. Uma bagunça. Ambíguo. Talvez feio. Mas quase sempre vale a pena.

Recentemente uma de minhas companheiras de ministério chegou angustiada durante uma sessão criativa. Estávamos tentando finalizar uma sequência de vídeo e logo depois fizemos algumas críticas justas ao seu trabalho. Ela caiu em prantos. A resposta era atípica, de modo que imediatamente eu soube que algo mais estava alimentando aquela exposição dramática de suas emoções. Houve um silêncio incômodo por alguns minutos enquanto eu me assentava ali perguntando-me o que dizer ou fazer.

Depois de uma rápida oração pedindo sabedoria de Deus, fiz a única pergunta que poderia pensar em fazer: "Como é estar assentada em sua cadeira agora mesmo?".

Ela explicou as frustrações que estava sentindo e o estresse pelo qual havia passado e, de repente, percebi que estivera em apuros por um bom tempo. "Imagino quão terrível era sentir isso sozinha e desamparada", respondi.

Continuamos conversando sobre em que ponto as coisas haviam desandado e o que poderíamos fazer para tomar novamente a direção certa. Em meia hora, tudo ficou bem de novo. Mas, se não tivéssemos nos disposto a cavar no túnel do caos onde perguntas difíceis exigem respostas francas, talvez houvesse tensão entre nós até hoje.

O ministério é uma série de lutas, e muita coisa pode ser dita na frente de batalha que talvez não seja exatamente edificante. Todo líder deve perguntar constantemente àqueles a quem se reporta diretamente, a líderes principais, a doadores-chave e aos melhores voluntários: "Estamos bem? Como arrumarmos a confusão que fizemos ao longo do caminho?".

o tún

Renove suas orações, seu descanso e seu compromisso de entrar no túnel do caos sempre que o Espírito mostrar. Esse é um dos mais verdadeiros testes de caráter e de amor.[2]

LINKS
36 Ajude-me a entender — p. 135
42 Tivemos o privilégio de fazer isto juntos! — p. 151
57 Aprendemos alguma coisa? — p. 202

[2] De 1Coríntios 13.1-7.

33 Apenas diga o que está pensando!

Pessoas que trabalham em ambientes cristãos quase sempre se sentem obrigadas a apresentar opiniões com um nível de delicadeza que pode, na maioria das vezes, diluir o argumento que estão dando a ponto de torná-lo praticamente irreconhecível. As outras pessoas na sala respondem com olhares vazios, perguntando-se o que essa pessoa quis dizer.

Frequentemente o silêncio estranho permanece até que uma alma corajosa finalmente aumenta a sua voz: "Como?".

O orador oficial entra em pânico. "Ó, não", ele pensa. "Devo ter ofendido alguém com meus comentários. É melhor dar outro rumo ao que estou tentando dizer, mas desta vez sendo ainda mais cuidadoso!"

Ele nervosamente repete sua conversa rala, desta vez ainda mais acolchoada, ampliada, evasiva e hesitante. Oito longos minutos depois, seus pares estão ainda mais confusos.

Bons líderes não permitem que algo assim aconteça. Mesmo se tiverem de interromper a pessoa no meio da frase, os melhores líderes que conheço recusam-se a tolerar comunicação piegas. Ao contrário, eles dizem: "O tempo é precioso e todos nós temos muito que fazer hoje. É óbvio que você tem algo em sua mente, de modo que eu gostaria de dar-lhe total liberdade agora mesmo para dizê-lo. Somos todos adultos que apreciam a sinceridade, mas não podemos fazer nenhum progresso em relação à sua

Mesmo se tiverem de interromper a pessoa no meio da frase, os melhores líderes que conheço recusam-se a tolerar comunicação piegas.

proposta, a menos que você deixe claro o seu pensamento. Assim, mais uma vez... diga o que está pensando!".

Em meus trinta e três anos de ministério, ainda me pego tendo de dizer essas palavras. O que mostra quanto esforço um líder deve fazer para criar um ambiente em que as pessoas se sintam seguras o bastante para falar clara e diretamente ao grupo como um todo.

Se a sua equipe é como a minha, de tempos em tempos você irá detectar ocasiões quando não apenas uma pessoa, mas todo o grupo estará andando na ponta dos pés ao redor da verdade. Meu conselho é ir direto ao ponto. Pare a reunião, diga à equipe que você sente algo espreitando nas sombras de sua comunicação e sinta o pulso de todos os participantes. Diga: "Eu gostaria de ouvir de todos de maneira objetiva. Por favor, deem-nos sua reação de dez segundos ao que aconteceu aqui na última meia hora, nem mais, nem menos. Não preguem, editem ou escondam. Apenas se levantem e digam!". É impressionante como você irá economizar tempo e quantos de seus colegas irão agradecê-lo após a reunião.

LINKS

36 Ajude-me a entender — p. 135

41 Passe as coisas a limpo rapidamente — p. 148

34 DISCORDE SEM TIRAR SANGUE

A autora Catherine Johnson escreveu um livro quinze anos atrás intitulado *Lucky in Love* [Sortudos no Amor]. Ela é uma Ph.D. e estava determinada a entender a razão da felicidade dos casais extremamente felizes. Assim, os entrevistou — aproximadamente cem casais no total. Quer saber a conclusão a que ela chegou? Ela descobriu que, em algum ponto ao longo do caminho, todo casal feliz havia chegado a um ponto crítico em seu relacionamento quando fizeram juntos um pacto de *discordarem enfaticamente, mas recusando-se a destruírem um ao outro* no processo. Eles poderiam dar a você a hora, a data e o local onde finalmente estabeleceram que, não importa quão difícil seja a conversa, eles simplesmente não atacarão verbalmente um ao outro. "Quando discutirmos (e iremos discutir!), não faremos os tipos de coisas que irão prejudicar este relacionamento no longo prazo", Johnson citou esses casais como os que teriam dito: "Quando discordarmos, não tiraremos sangue".[3]

No momento em que li essa frase, decidi colocá-la em prática em meu trabalho e em meu casamento. Porque tenho profundos sentimentos em relação a questões do Reino, sou conhecido por expressar-me apaixonadamente nas reuniões. E como você provavelmente sabe, paixão pode gerar paixão. Líderes eficientes não têm medo da paixão. Eles a acolhem de bom grado. De tempos em tempos, no entanto, discussões

[3] JOHNSON, Catherine. **Lucky in Love:** The Secrets of Happy Couples and How Their Marriages Thrive. New York: Penguin Books, 1992. p. 63.

apaixonadas acabam em ataques pessoais e as pessoas se machucam mesmo. Em minha visão, os líderes devem evitar esse momento. Sua equipe deve saber que, assim como o líder, você nunca se sentará preguiçosamente e permitirá que uma reunião se transforme em um ringue.

Recentemente em um grande fórum público, um homem me fez uma pergunta tão sarcástica e maldosa que nossa equipe de segurança ficou a postos. Tenho passado por esse tipo de coisa muitas vezes e, num reflexo rápido, pedi às outras pessoas na sala para ficarem em silêncio antes que eu respondesse ao terrorista verbal. Eu disse: "No golfe, quando um jogador dá uma tacada muito ruim, seus amigos podem ser graciosos o bastante para dar-lhe uma segunda chance, uma nova tacada, sem nenhuma penalidade. Apenas graça pura. Agora, senhor, sua pergunta foi claramente um ataque pessoal a mim, sem nenhuma evidência que sustente o que está dizendo. Estou disposto a responder a sua pergunta honestamente aqui mesmo, diante de todos, mas somente se o senhor estiver disposto a falar novamente de um modo mais afável". A multidão irrompeu em aplausos.

Líderes eficientes não têm medo da paixão. Eles a acolhem de bom grado. De tempos em tempos, no entanto, discussões apaixonadas acabam em ataques pessoais e as pessoas se machucam mesmo. Em minha visão, os líderes devem evitar esse momento.

O homem tomou um minuto para reformular sua pergunta e, ao perguntar de modo mais civilizado a segunda vez, os aplausos cessaram. Nossa congregação irá lembrar esse momento por um bom tempo.

Uma vez que a linguagem do "discordar sem tirar sangue" estiver gravada em uma cultura e o líder mais experiente insistir em reforçar esse valor, uma espécie de proteção será fornecida a todos.

A passagem de Efésios 4 "verdade em amor" começa com Paulo dizendo aos seguidores de Cristo que "vivam uma vida digna do chamado que receberam". Ele discorre sobre o que forja esse tipo de vida, coisas como humildade, mansidão, paciência e *paz.* Líder, insista em liderar de um modo que contribua para a unidade, mesmo no calor da discordância.

LINKS

33 Apenas diga o que está pensando! — p. 128

37 Líderes apitam faltas — p. 137

35 GUARDA-CHUVA DE MISERICÓRDIA

Reuniões criativas são, na maioria das vezes, lugares perigosos. Um líder se levanta e diz: "Tudo bem, equipe, temos um evento para planejar [ou um problema para resolver, ou uma nova série a ser lançada] e precisamos de nossas ideias mais criativas. Lembre-se de que não há nenhuma ideia ruim! Vamos colocar tudo para fora, porque mesmo uma ideia que você ache ruim pode conduzir à uma boa ideia de que precisamos".

Trata-se de uma linguagem padrão para esse contexto e, embora o líder possa genuinamente acreditar que não haja ideias ruins, seguidores presumem um grande risco quando geram uma que talvez se encaixe na descrição temida. Em quase toda sessão criativa da qual participei, em determinado ponto ou outro, alguém teve uma ideia que desejou poder expor, mas não conseguiu reunir coragem para verbalizar. Em vez de encarar a gozação, o desprezo ou, pior ainda, a crítica de seus colegas, optou mantê-la oculta.

Anos atrás, Nancy Beach, que há muito tempo tem sido nossa diretora de programação e produção, trouxe o conceito do "guarda-chuva de misericórdia" a uma de nossas reuniões criativas.[4] Antes de comunicar uma

[4] Nancy credita ao autor Roger von Oech o conceito original de "guarda-chuva", em seu livro **A Whack on the Side of the Head**, New York: Warner Books, 1983.

Em quase toda sessão criativa da qual participei, em determinado ponto ou outro, alguém teve uma ideia que desejou poder expor, mas não conseguiu reunir coragem para verbalizar. Em vez de encarar a gozação, o desprezo ou, pior ainda, a crítica de seus colegas, optou mantê-la oculta.

possível ideia a ser trabalhada, ela colocava as mãos em forma de copo sobre sua cabeça como um guarda-chuva e dizia: "Tenham um pouco de misericórdia comigo, pode ser?".

A prática colou imediatamente. Durante as futuras reuniões para geração de ideias, um simples gesto dava ao orador coragem suficiente para expor a sua, sem importar quão excêntrica ou impraticável ela parecesse, e mover-se com confiança pelo breve período de risco emocional em que havia entrado. "Deem graça, não juízo" — este era o acordo que estabelecemos sempre que observávamos um membro da equipe abrir o guarda-chuva de misericórdia.

Achei a prática útil não apenas naquelas sessões, mas em qualquer reunião em que precisasse expor uma ideia emocionalmente arriscada. Em algumas delas, eu não somente sinalizava o guarda-chuva de misericórdia a todos na sala, mas também fazia com que olhassem nos meus olhos e prometessem individualmente que tratariam minha ideia com cuidado. E, somente quando todos concordavam, eu prosseguia.

Verdadeiramente, algumas de nossas melhores ideias surgiram nesses momentos do "guarda-chuva de misericórdia". Isso pode parecer uma tolice, mas é um dos sinais mais inteligentes que já incorporamos à nossa cultura.

LINKS

10 O valor de uma boa ideia — p. 55

43 Um dia de céu azul — p. 157

36 AJUDE-ME A ENTENDER

A maior tentação para um líder quando um liderado comete um erro é fazer o discurso do tipo "O que você estava pensando?", especialmente quando um valor central da organização é violado. No entanto, você e eu sabemos que essa abordagem pode ser depreciativa e desonrar a Deus.

Uma pequena ferramenta que comecei a usar para controlar minha paixão quando confrontado com erros caros foi começar a conversa com as palavras: "Ajude-me a entender."

Uma pequena ferramenta que comecei a usar para controlar minha paixão quando confrontado com erros caros foi começar a conversa com as palavras: "Ajude-me a entender."

Fui informado de que um voluntário dos ministérios com estudantes colocou dez garotos na traseira de uma caminhonete e se divertiu correndo pela propriedade da igreja em alta velocidade "apenas para dar risada". Eu o convidei para sentar-se em meu escritório e disse: "Por favor, ajude-me a entender o que você tinha em mente. Talvez você estivesse apenas tentando transportar as crianças pela propriedade — não tinha consciência da velocidade em que estava correndo ou talvez outra pessoa estivesse pisando fundo no acelerador, eu não sei. Por que você não me ajuda a entender o que realmente aconteceu?".

Ou ouvi que um jovem técnico de som queria descobrir até que altura iria o volume do equipamento antes que os alto-falantes estourassem. Ele descobriu, ao custo de alguns milhares de dólares. Hmmm.... "Por favor, ajude-me a entender!"

É óbvio que a razão principal pela qual uso essa ferramenta é evitar o papel de acusador ou polarizar inadvertidamente a conversa antes de entender plenamente o que na verdade ocorreu. Certas coisas não fazem sentido para mim e parecem terrivelmente insensatas à primeira vista, mas, se a outra pessoa tiver liberdade para ajudar-me a entender a situação, talvez eu possa enxergá-la de outro ângulo. Setenta e cinco por cento do tempo irei chegar à mesma conclusão que cheguei quando recebi a informação, mas o espírito da troca de ângulo é totalmente diferente. Tente essas quatro palavras simples. Talvez você acabe usando-as quase sempre assim como eu!

LINKS

24 Portadores de DNA — p. 103

38 Orientação em tempo real — p. 140

50 Não "pise na bola" — p. 180

57 Aprendemos alguma coisa? — p. 202

37 Líderes apitam faltas

Passo a maior parte da minha vida em reuniões, por isso estou muito motivado a torná-las eficientes e agradáveis o máximo que puder. No entanto, por definição, reuniões envolvem pessoas. E muita gente significa muitas personalidades. Ocasionalmente — *apenas ocasionalmente* — essas personalidades entram em conflito.

Já vi muitos desses conflitos em reuniões em que eu não era o único a liderar. Faltas interpessoais flagrantes, óbvias a todos na sala, eram atribuídas a outros e prosseguiam sem ser analisadas. Reuniões de diretoria eram interrompidas, reuniões de equipe eram paralisadas e retiros para "edificação de equipes" acabavam em festas inúteis. E, ainda assim, nada era feito. Todos os presentes se sentariam pensando a mesma coisa: "Por que alguém não 'apita uma falta'?".

Reuniões de diretoria eram interrompidas, reuniões de equipe eram paralisadas e retiros para "edificação de equipes" acabavam em festas inúteis. E, ainda assim, nada era feito. Todos os presentes se sentariam pensando a mesma coisa: "Por que alguém não 'apita uma falta'?".

Essas experiências terríveis serviram para intensificar meu compromisso de "apitar" faltas em ambientes em que eu era o único na condução de uma reunião. Ainda hoje, se alguém fica contrariado com a minha observação, não hesito em fazer um intervalo e lembrar à parte ofendida que, em reuniões que eu presido, há regras básicas a serem seguidas. Quase sempre digo: "Não sei como as coisas funcionam em outras situações, mas, enquanto eu estiver sentado aqui, sempre conversaremos com respeito. Não interrompemos um ao outro e não menosprezamos as ideias uns dos outros. Ao contrário, escutamos uns aos outros com atenção.

Escolhemos nossas palavras com cuidado para que o processo resulte em honra a Deus."

Líderes eficientes apitam falta. Eles apitam falta quando palavras inúteis são ditas. Eles apitam falta quando nenhuma palavra é dita. Um colega meu costumava usar uma linguagem corporal forte para impedir toda a nossa equipe de fazer progresso. Por meio de gestos como cruzar os braços sobre o peito, erguer os olhos e olhar para a janela durante discussões em grupo, ele comunicava exatamente a posição que nossa reunião ocupava em sua lista de prioridades.

Ele sabia que estava enviando um sinal, mas, quando confrontado, tinha o descaramento de olhar-me nos olhos e implorar inocência: "Mas eu não disse nada!".

Linguagem corporal quase sempre se torna um elefante na sala — o problema enorme que *todos* podem ver, ouvir e cheirar e, se não for tratado imediatamente, fazer com que todos sofram.

Se alguém persiste em cometer faltas, paro a reunião e digo: "Não temos de usar tempo adicional do grupo para lidar com isso, mas você pode ficar mais um tempo para que possamos conversar algumas coisas?". Todos sabem o que acontecerá depois da reunião: seu colega de equipe receberá orientação pessoal. Espera-se, no entanto, que todos também saibam que o meu objetivo é o de melhorar a dinâmica do nosso grupo.

Por anos liderei uma reunião de equipe criativa semanal, e toda semana iniciávamos as atividades com um breve tempo de oração. Um dos membros da equipe adorava orar, assim quase toda semana ele era o primeiro a fazer uma oração. Isso seria ótimo, a não ser pelo fato de que suas orações humilhavam e desmoralizavam todo o grupo. Ele dizia algo como: "Ó Deus... [pausa dramática], estamos todos muito cansados, exaustos, sobrecarregados e esgotados. Temos tanto o que fazer e nenhum de nós realmente quer estar nesta reunião. Mas aqui estamos. Por isso, dá-nos a energia para irmos até o fim".

Isso me frustrou por meses, mas seria legítimo apitar falta em uma oração?

Decidi que era. Eu o chamei num canto certa tarde e disse: "Escute, quando você conversa com Deus em particular, é perfeitamente apropriado fazer o que diz o salmo 62.8, derramar seu coração diante dele. Mas quero lhe pedir que reflita se é sábio projetar seu sofrimento pessoal sobre o grupo inteiro no início de uma reunião criativa. Em minha opinião, suas orações têm sido tão desmotivadoras que estou perto de pedir a você que nos ajude a todos... *não orando*!".

Dizer que ele ficou ofendido com meus comentários seria uma meia-verdade. "Quem é *você* para editar minhas orações?", ela perguntou em tom de zombaria.

Foi uma pergunta justa. "Você provavelmente está certo", admiti. "Não posso na verdade editar suas orações ou impedi-lo de fazê-las durante o nosso tempo de oração. O que eu *posso* fazer é desconvidá-lo de nossa reunião. A escolha é sua, mas, seja qual for, esse padrão não pode continuar. Estamos entendidos?"

Embora ele tenha permanecido em silêncio durante os períodos de oração depois disso, eu por fim decidi colocá-lo em outra equipe. Em pouco tempo, ele deixou nossa equipe espontaneamente.

Apitar faltas é responsabilidade do líder, mas não tenho de carregar o fardo sozinho. Se você for fiel em servir de modelo para apitar faltas de maneira consistente, virá o tempo quando sua equipe não apenas o ajudará a apitar faltas, mas começará a apitar suas *próprias* faltas como grupo. Quando esse dia chegar, você saberá que um grande caminho foi percorrido.

LINKS

28 Saiba quem está dirigindo — p. 115

34 Discorde sem tirar sangue — p. 130

36 Ajude-me a entender — p. 135

41 Passe as coisas a limpo rapidamente — p. 148

38 Orientação em tempo real

Anos atrás servi como capelão para o time de futebol americano Chicago Bears. Periodicamente eu ia aos treinamentos e sempre ficava intrigado em ver como os técnicos e jogadores interagiam. Por exemplo, havia um técnico para determinada parte do campo que fazia com que os jogadores daquela parte executassem exercícios específicos. No meio deles, ele parava a jogada, reunia todos e explicava o que estavam fazendo errado e como poderiam melhorar. Então, iniciava novamente a bateria de exercícios e observava os progressos. O que me impressionava é que o técnico não esperava até o fim do exercício para fazer essas observações; ele dava orientações em tempo real para que seus jogadores melhorassem o mais rápido possível.

Se noto algo incorreto em uma de minhas equipes, tento encontrar um modo de questionar ou orientar alguém na hora, em vez de esperar por um tempo de avaliação formal agendado para dias ou semanas. Embora essa abordagem pareça desgastante no momento, ela possui compensações no longo prazo que são difíceis de serem superadas.

Tentei, embora de maneira imperfeita, me comprometer com uma orientação em tempo real em minha liderança. Se noto algo incorreto em uma de minhas equipes, tento encontrar um modo de questionar ou orientar alguém na hora, em vez de esperar por um tempo de avaliação formal agendado para dias ou semanas. Embora essa abordagem pareça desgastante no momento, ela possui compensações no longo prazo que são difíceis de serem superadas.

Eu estava com um bom amigo e pastor em sua igreja recentemente, e no meio do culto inclinei-me em sua direção e perguntei como ele se sentia em relação ao nível de energia no auditório. “Estou preocupado com isso”, ele admitiu. “O culto já passou da metade, mas é como se todos ainda estivessem dormindo!”

Perguntei o que estava pensando fazer para melhorar para aquela letargia coletiva, mas ele não soube responder. "Se estiver aberto a uma opinião de quem está de fora", eu disse, "acho que a iluminação de seu palco pode ser o problema."

O palco estava banhado em luzes verdes e vermelhas escuras, sem um único azul intenso ou um branco vibrante. "Em minha opinião", eu disse, "você tem de chamar a atenção das pessoas para a ação no palco desde o momento em que o culto começa ou nunca a terá." Como ele se mostrou aberto, acrescentei: "Também parece que o sistema de som está abafado. Com um pequeno ajuste entre os cultos, penso que uma mixagem de som com mais brilho acrescentará muita vida à próxima reunião".

No fim da tarde, a caminho do aeroporto, ele disse: "Bill, obrigado por falar à nossa igreja neste final de semana. Irei lembrar muitas coisas do nosso tempo juntos, mas o que mais lembrarei é que você me *orientou*, ali mesmo na primeira fileira de nosso culto de adoração. Posso fazer por toda a minha equipe exatamente o que você fez comigo, e todos seremos melhores por isso. Obrigado".

Orientação em tempo real não é uma ideia original minha. Enquanto andou sobre o planeta Terra, o estilo de liderança de Jesus foi inegavelmente caracterizado pela propensão a colocar os membros de sua equipe em situações desafiadoras, da vida real, e então elogiá-los pelo que faziam certo e orientá-los quando necessitavam de um pequeno redirecionamento.

Um dos grandes presentes que um líder pode dar aos colegas e a quem se reporta diretamente a ele é o da informação imediata. Não espere sete dias ou mesmo sete horas para apontar o que está funcionando e o que não está. Quando as coisas estão dando certo, diga imediatamente: "Ótimo trabalho!". E, quando as coisas não estiverem tão bem, rapidamente ofereça orientação para colocá-las de volta nos trilhos. Sua equipe agradecerá por isso.

LINKS

41 Passe as coisas a limpo rapidamente — p. 148

44 Disposição para a ação — p. 161

39 Só para ser claro

Houve um período durante a Segunda Guerra Mundial quando a Grã-Bretanha estava sendo bombardeada noite após noite, deixando o país inteiro a se perguntar se deveriam resistir a mais ataques ou levantar a bandeira branca da rendição. Enquanto as incursões aéreas continuavam, crescia o anseio da população de ouvir seu líder. Um dia, o primeiro-ministro Winston Churchill dirigiu-se à nação. “Iremos defender nossa Ilha, a qualquer custo”, ele disse. “Iremos lutar nas praias, iremos lutar nos campos de pouso, iremos lutar nos campos e nas ruas, iremos lutar nas colinas; nunca nos renderemos.”[5]

Algumas pessoas talvez não esperassem ou mesmo concordassem com a decisão de Churchill naquele dia, mas *ninguém* poderia dizer que ele não foi claro. Ele tocou uma trombeta com suas palavras e o som foi perfeitamente claro a todos os ouvidos que o escutaram.

Quando Martin Luther King Jr. estava organizando as marchas pelos direitos civis na década de 1960 e registrando os afro-americanos às centenas para votar, um grupo de líderes influentes tentou acalmá-lo. Em sua opinião, o dr. King estava ativista demais para o gosto deles. “Espere mais um pouco, dr. King”, eles solicitaram. “Os brancos começarão a tratar os negros melhor. De verdade. Dê a eles mais um pouco de tempo. Apenas espere.”

[5] Disponível em: <http://headlinehistory.co.uk/online/East%20Midlands/World%20War%202/A%20War%20Begins/story571.htm>.

Dr. King estava em uma cela de prisão em Birmingham, Alabama, quando recebeu essa mensagem do "apenas espere".

Em resposta, enviou uma mensagem de próprio punho.

> Esperamos trezentos e quarenta anos pelos nossos direitos constitucionais dados por Deus [escreveu King]. Talvez seja fácil para os que nunca sentiram os dardos cortantes da segregação dizer "espere", mas, quando você viu multidões cruéis lincharem suas mães e pais à vontade e arrastarem suas irmãs e irmãos por capricho, quando viu policiais cheios de ódio amaldiçoarem, chutarem e até matarem seus irmãos e irmãs negros [...], quando você tem de elaborar uma resposta à pergunta do seu filho de cinco anos: "Papai, por que os brancos tratam os negros tão mal?", quando dirige pelo país e tem de dormir noite após noite nos cantos desconfortáveis de seu automóvel porque nenhum hotel irá aceitá-lo, quando você é humilhado dia após dia por placas perturbadoras que dizem "brancos" e "negros", quando o seu primeiro nome se torna "crioulo" e o segundo se torna "rapaz" [...], quando você está lutando o tempo todo com um sentimento degenerativo de "insignificância", *então* entende por que achamos difícil esperar.[6]

Ele foi absoluta e destemidamente claro: "Não vamos mais esperar. Estamos marchando. Hoje".

Ele tocou uma trombeta da sua cela naquele dia cujas reverberações serviram de virada crucial para o movimento dos direitos civis.

Um dos clamores mais consistentes que ouço dos que frequentam a igreja em todo o mundo é por clareza da parte de seus pastores. É o clamor por *certo* som de trombeta de seus líderes. O clamor que diz: "Olhe,

6 Disponível em: <http://www.stanford.edu/group/King/popular_requests/frequentdocs/birmingham.pdf>.

Um dos clamores mais consistentes que ouço dos que frequentam a igreja em todo o mundo é por clareza da parte de seus pastores. "Digam-nos para avançar, digam-nos para recuar... apenas digam-nos! E, por favor, sejam claros."

há dezenas de coisas que poderíamos fazer nas manhãs de domingo, mas escolhemos ser parte da igreja de Deus. Tiramos as crianças da cama. Viemos para cá. Sentamos, bem arrumados, prontos para correr de um lado ou de outro. Digam-nos para avançar, digam-nos para recuar... apenas digam-nos! E, por favor, sejam *claros*".

Grandes líderes sabem que devem ser claros *como cristal* em se tratando dos sons de suas trombetas. E uma maneira prática de fazer isso é pela nossa comunicação diária àqueles que lideramos. Quanto mais experiência adquiro em comunicação organizacional, mais percebo que não é suficiente declarar algo claramente e então supor que todos entenderam. Você acha que isso é suficiente, mas não é.

A esta altura da minha vida e liderança, agora sei que tenho de voltar e acrescentar a expressão "Só para deixar claro". "Só para deixar claro, eis o que eu quis dizer." Ou "Só para deixar claro, estou pedindo a você que *não* faça isso e *estou* pedindo a você que, *por favor*, faça isso." Ou "Só para deixar claro, concordamos que eu teria seu relatório na terça, correto? *Nesta* terça?"

Eu dou este terceiro passo o mais frequente possível e de tempos em tempos solicito por escrito. No entanto, ainda fico impressionado por ver quantas vezes acabo tendo problemas de comunicação com pessoas que amam Deus, amam a Willow e me amam. Trata-se do caráter básico de uma organização complexa e de comunicação rápida. Se houver um pouco de oscilação em uma sala, as coisas inevitavelmente oscilarão para o lado errado.

LINKS
34 Discorde sem tirar sangue — p. 130
36 Ajude-me a entender — p. 135

avalie

40 AVALIE E DÊ NOTA

Uma fábula sobre comunicação distorcida: um pastor de pequenos grupos trabalha em tempo integral para sua igreja e é uma grande pessoa. Ele acredita que está fazendo um ótimo trabalho recrutando, treinando e distribuindo líderes de pequenos grupos como ele foi contratado para fazer, mas pouco antes do Natal o pastor titular o chama em seu escritório para dizer que tem más notícias. A área de pequenos grupos não havia correspondido às expectativas da liderança e seria extinta.

O pastor de pequenos grupos fica de boca aberta.

"Você não tinha ideia de que isso iria acontecer?", pergunta o pastor titular. Sua incredulidade é explícita enquanto um pensamento indecente percorre sua mente: "O fato de que não tinha nenhuma ideia do que aconteceria apenas valida minha crença de que você está completamente sem pistas quanto à sua eficiência — ou falta dela — neste papel!".

O rapaz, chocado e entristecido, está assentado ali olhando para o nada enquanto ouve seu chefe continuar. "Escute", diz o pastor titular, "precisamos que você limpe sua escrivaninha e desocupe sua sala antes do culto de Natal, para que possamos começar com alguém novo já em janeiro."

Desiludido e muito zangado, o pastor demitido vai para casa naquela tarde e dá à sua esposa um relatório dos eventos do dia. Na noite seguinte, em uma reunião já agendada para todos os líderes de pequenos grupos na igreja, ele conta às quinhentas pessoas presentes toda a história sórdida. Rapidamente o telefone do pastor titular recebe muitas ligações da equipe, dos voluntários mais importantes e de membros da congregação, não com cumprimentos pelo Natal, mas exigindo saber como um desastre desta ordem poderia ter acontecido em uma igreja.

Eu desejaria que essa história fosse uma peça de ficção, mas não é. Eu a ouvi sendo contada de várias maneiras e em centenas de igrejas ao redor do mundo, até mesmo na Willow. E, após viver com um sistema de avaliação de pessoal contaminado pelas emoções durante muito tempo em nosso próprio ambiente, finalmente decidi tomar atitudes drásticas.

O resultado? "Diálogos de avaliação de equipe" anuais, como os chamamos. Eles levam no mínimo uma hora por pessoa, cobrindo meia dúzia de pontos convincentes de discussão, e resultam em uma pontuação em forma de letra para todos os membros, para que saibam exatamente como estão se saindo. Um A, um B ou um C — você pode questionar a forma, mas não pode questionar o fato de que ela é clara. Na cultura norte-americana, ao menos, *todos* sabem o que essas notas significam: "A" significa excelente — você está superando as expectativas; "B" significa bom; "C" significa que uma melhora rápida se faz necessária.

Quando estabeleci esse conceito, quase todos na equipe o consideraram impopular. Mas a clareza de sua produtividade por fim superou qualquer desconforto que ele tivesse causado originalmente às pessoas que trabalham na Willow. O autor e consultor Patrick Lencioni diz que muitas organizações são infectadas pela "delicadeza terminal", que significa a inabilidade que seus membros têm de contar a verdade uns aos outros. Eu sabia que, se não estabelecêssemos um sistema em que avaliações honestas e significativas fossem dadas, os desempenhos medíocres seriam tolerados e o nosso ministério não corresponderia a seu potencial redentor.

Eu sabia que, se não estabelecêssemos um sistema em que avaliações honestas e significativas fossem dadas, os desempenhos medíocres seriam tolerados e o nosso ministério não corresponderia a seu potencial redentor.

Assim, lançamos um sistema de avaliação que suscitaria as conversas honestas. Primeiro, concordamos que aqueles que recebessem uma nota

C em duas ocasiões consecutivas sofreriam mudança em seu futuro: ou seriam realocados em um novo departamento ministerial ou seriam convidados a deixar a equipe. Nenhum funcionário razoável com autoestima moderada quer ter um C continuamente. E nenhum gerente eficiente quer liderar um trabalho nota C para sempre. Os Cs devem ser tratados de maneira simples e direta.

Segundo, com relação aos Bs, concordamos não apenas que eles eram a espinha dorsal de nossa equipe, mas também que precisávamos de um número *substancial* deles para manter a igreja nos trilhos. Pessoas que fazem um trabalho consistente em nível B são tipicamente bons executores com boas atitudes. Talvez nunca ofereçam ideias grandes e inovadoras, mas sua constância e fidelidade são propriedade essencial de qualquer organização.

Finalmente, com relação aos colaboradores nota A, reconhecemos que mesmo as melhores organizações têm um percentual relativamente pequeno deles e nenhuma organização consegue ter muitos. Nós, sem nenhum constrangimento, decidimos dar-lhes recursos e oportunidades de aprendizado adicionais. Decidimos nos certificar de que eles se sintam apreciados e desafiados. Colegas de equipe nota A são raros e merecem ser identificados e celebrados.

Eu talvez seja ingênuo, mas acredito que, no íntimo, todos em uma organização querem saber se estão sendo bem-sucedidos ou se estão fracassando. Nossa abordagem A-B-C está longe de ser perfeita, mas tem a seu favor o fato de ser clara.

LINKS

23 Teste antes — p. 99

38 Orientação em tempo real — p. 140

41 Passe as coisas a limpo rapidamente — p. 148

59 Vamos investigar — p. 207

41 Passe as coisas a limpo rapidamente

Quando pessoas com alta capacidade trabalham muito próximas umas das outras, haverá atritos. Esperar algo diferente é ingenuidade, porque inevitavelmente algo será dito ou feito por alguém e os sentimentos de outro alguém serão feridos.

O que importa é o que você faz imediatamente após o atrito ocorrer. Até onde posso dizer, há duas teorias presentes aqui. Uma sugere que se deixe o tempo curar a ferida. Não dê muita atenção à coisa: a outra pessoa irá esquecer, sua raiva passará e no fim tudo será como água passada debaixo da ponte.

E há a abordagem bíblica.

Efésios 4.26 diz que não devemos nunca deixar que o sol se ponha sobre a nossa ira. Mateus 5 ensina que, se você estiver em um culto de adoração e lembrar que tem uma pendência com alguém, deve pedir licença e tentar reconciliar-se na hora. Quanto mais tempo entre a infração e a tentativa de resolução, sugere a Escritura, mais provavelmente a fissura se ampliará.

Se você é como eu, pode pensar de imediato em situações nas quais teve um desentendimento com alguém, mas, por causa da pressa ou do orgulho, decidiu cumprir a agenda do dia e seguir adiante. Mas seguir adiante se torna cada vez mais difícil porque sua mente fica distraída com essa conversa com seu colega, que foi qualquer coisa menos amistosa.

Não que eu sempre tenha feito isso, é claro, mas ouvi histórias de pessoas remoendo essas situações por dias, meses e até mesmo anos sem fim. Eles as remoíam por tanto tempo que começavam a pensar na outra pessoa de um modo diferente. Mais tempo passa e elas ficam imaginando que a outra pessoa esteja armando planos contra elas, como parte de uma conspiração macabra. Chega finalmente o dia em que a pessoa não é mais uma pessoa, mas um "eixo do mal" em forma de ser humano.

Eu preguei um sermão sobre esse assunto na Willow e pedi ao nosso produtor que levasse uma grelha para o palco no momento em que começasse a mensagem. A grelha tinha um espeto sobre ela. Em determinado momento de minha exposição, caminhei em direção à grelha e disse: "Quando você rompe relações com outra pessoa e não trata o problema imediatamente, é como colocá-la em um espeto. Você fica girando aquele espeto até que o calor de sua ira comece a queimar. Continua a pensar em novas razões para que essa pessoa seja tão terrível e, antes que perceba, você assou essa pessoa até transformá-la em uma versão irreconhecível de quem ela realmente era. A essa altura, a reconciliação é a última coisa em que você pensa. Homicídio, sim. Perdoar humildemente, não".

É muito melhor fazer um pacto com as pessoas ao nosso redor que estabeleça: "Sempre que uma infração ocorrer, vamos nos comprometer a tratá-la e resolvê-la o mais rápido possível. Nós dois. Fechado?".

Digo às pessoas a quem me reporto diretamente e a colegas que, se eu disser algo a eles em uma reunião ou no saguão que mais tarde faça com que eles pensem em mim como um espeto girando sobre o fogo, gostaria que não perdessem *nenhum* tempo e me ligassem. Eu de bom grado sairia de uma reunião ou da cama se isso significasse que a reconciliação pudesse acontecer rápido.

Nossa equipe de líderes teve uma reunião muito animada recentemente. Éramos oito ou nove na sala de reuniões, se não me falha a memória, e algumas questões intensas surgiram provocando um debate dinâmico por boa parte das duas horas que a reunião durou. Quando a dei por encerrada, eu me senti bem com o resultado e ainda melhor com a participação de todos na discussão. Trinta minutos depois, no entanto, minha linha particular tocou. "Bill, muita coisa foi dita na reunião", meu colega começou, "estamos bem?"

Eu lhe disse que, embora apreciasse de verdade sua ligação, não tinha pensado em seus comentários. "Concordamos em passar sempre as coisas a limpo rapidamente", eu disse. "Se me sentisse incomodado por qualquer coisa que você tivesse dito, teria sido o primeiro a ligar. Eu estou ótimo! Realmente estou. Mas obrigado pela ligação."

As organizações mais saudáveis que conheço não estão livres de conflitos; estão apenas radicalmente comprometidas a passar as coisas a limpo rapidamente.

Já estive do outro lado dos que ligam em muitas ocasiões. Estava em uma reunião tensa e expressei minha opinião sincera. Somente mais tarde percebi que ultrapassara uma fronteira verbal. Comecei a me sentir culpado pelo que disse e tive de apanhar o telefone, ligar para a parte ofendida e dizer: "Ei, estou me sentindo mal por causa do último comentário que fiz a você na reunião. Ele soou um pouco mais pessoal do que eu gostaria. Quero passar as coisas a limpo rapidamente com você. Tudo bem?".

Essas ligações não são em vão, meu amigo. Se não houve nenhuma infração, você mostrou que é uma pessoa que gosta de passar as coisas a limpo rapidamente. E, se houve, você está lidando com a pessoa antes que seja tentado a colocá-la no espeto. As organizações mais saudáveis que conheço não estão livres de conflitos; estão apenas radicalmente comprometidas a passar as coisas a limpo rapidamente.

LINKS

33 Apenas diga o que está pensando! — p. 128
59 Vamos investigar — p. 207
61 Ainda estamos nos divertindo? — p. 211
67 Sempre pegue a estrada principal — p. 233

42 Tivemos o privilégio de fazer isto juntos!

Uma dinâmica de liderança estimulante para mim sempre foi a de vencer grandes desafios em equipe. Não há nada que eu ame mais que formar uma equipe interdependente, apresentar um problema gigantesco para seus membros e então conduzir um processo pelo qual tentemos encontrar soluções. Pode levar algumas horas ou alguns anos, mas tempo não é o ponto. O ponto é reunir os atores e fundi-los em uma equipe que se ame e alcance, unida, seus objetivos.

Durante os anos uma coisa que tenho tentado praticar com frequência sempre maior é celebrar aqueles valores voltados para a equipe ao nos aproximarmos do fim do nosso tempo juntos. Às vezes coloco todos dentro de um círculo e digo: "Pessoal, por mais empolgante que tenha sido resolver o problema que resolvemos, quero que saibam que para mim o mais importante foi que tivemos o privilégio de fazer isso *juntos*."

A primeira vez que eu disse essas palavras foi no calor de uma conferência internacional que parecia estar fadada ao fracasso. Eu levara uma equipe inteira a um evento de vários dias fora do país e tudo o que poderia dar errado deu. Houve complicações de idioma, de cultura, de localização, de tecnologia, de tradução, de transporte, entre outras. É como se estivéssemos encurralados em uma luta por quatro dias ininterruptos.

Depois de reuniões de "ajuste" no quarto do meu hotel até uma ou duas da manhã, tínhamos de seguir sonolentos para ensaios três horas depois. Nos intervalos durante o dia, nós nos reuníamos nos bastidores e pensávamos em que ajustes teríamos de fazer depois de ouvir sobre outra coisa que surgira para comprometer nossos planos. Finalmente, já no meio da última sessão, houve uma manifestação da atividade de Deus. Foi incrível, mas as lágrimas que ela provocou poderiam facilmente ter ocorrido por conta de puro cansaço.

Quando a conferência finalmente acabou, reuni todos e disse: "Essa foi uma das maiores lutas no Reino que enfrentei. Obrigado, a cada um de vocês, por lutar duramente e por vigiar sua atitude. Isso fez toda a diferença do mundo. Pela graça de Deus, pessoal, vencemos. E tivemos o privilégio de fazer isso juntos".

A intensidade da luta tornou a vitória muito mais agradável, o que se evidenciou pelo fato de que na verdade encorajei todos a darem as mãos naquele pequeno círculo e fiz uma oração com minha equipe agradecendo a Deus pela memória partilhada que carregaremos conosco pelo resto da vida.

A intensidade da luta tornou a vitória muito mais agradável, o que se evidenciou pelo fato de que na verdade encorajei todos a darem as mãos naquele pequeno círculo e fiz uma oração com minha equipe, agradecendo a Deus pela memória partilhada que carregaremos conosco pelo resto da vida.

Depois disso, tomei a declaração "Tivemos o privilégio de fazer isso juntos" comigo em outras lutas do Reino em larga escala. Quando arrecadamos dinheiro para as novas dependências da Willow, um grupo de *creekers* fiéis me ajudou a fazer as reuniões nos lares onde apresentávamos a visão a pequenos grupos de pessoas e pedíamos que considerassem fazer um compromisso pré-campanha.

Apenas cinco ou seis de nós serviram em todas as quarenta e duas reuniões e, depois de despedirmos a multidão final de minha casa, reuni esse pequeno grupo em minha sala e comemorei seu compromisso. "Equipe, esse foi um dos montes mais altos que tentei escalar na Willow, mas tivemos o privilégio de fazer isso juntos. E como consequência do nosso comprometimento total e da plena capacitação de Deus, todos terminamos sendo melhores amigos do que éramos antes de irmos para a batalha!"

Comemos, bebemos e vestimos camisetas feitas sob medida com um "42" estampado no peito. Até hoje, sempre que vejo um desses colegas da equipe na Willow, tenho o mesmo sentimento de amizade que membros de um pelotão devem sentir para com seus colegas de luta.

A próxima vez que estiver em uma luta do Reino, ore e lute duramente, mas, ao final da batalha, certifique-se de que honrou a contribuição única de cada indivíduo, que fez com que a vitória acontecesse. Eles têm de saber que, conquanto priorize progresso, você prioriza ainda mais pessoas. Eles têm de ouvir você comunicar o fato de que, embora nunca estejam em outro grande desafio juntos, esse esforço particular foi especialmente doce. Tente usar o axioma "Tivemos o privilégio de fazer isto juntos". Minha previsão é de que ele fará bem ao coração de todos.

LINKS
17 Somente Deus — p. 77
20 Isto é igreja — p. 87

atividade

2 avaliação

um d

43 Um dia de céu azul

Um dos dons mais incríveis que Deus dá às pessoas é a habilidade de pensar criativamente. Portanto, quando as coisas ficam rotineiras na igreja, é razoável supor que Deus não deva ser responsabilizado. Quando isso acontece é porque normalmente os líderes da igreja não se esforçam por ter o tempo, estabelecer o ambiente apropriado e reunir a energia necessária para elaborar novas ideias.

Desde os primeiros dias da Willow, equipes de criação que tenho liderado sempre deram grande valor aos "dias de céu azul" (ou parte de um dia ou horas). Embora a duração variasse, as reuniões eram sempre convocadas com o propósito único de sonhar. Periodicamente eu reunia a equipe, apresentava um desafio interessante e pedia aos membros que removessem todo limite, restrição e consideração prática de sua mente. A questão que eu os encorajava a considerar era: "O que você faria para promover o Reino de Deus se não houvesse nada que nos impedisse de fazê-lo?".

A questão que eu os encorajava a considerar era: "O que você faria para promover o Reino de Deus se não houvesse nada que nos impedisse de fazê-lo?".

Se não tivéssemos obrigações familiares, tensão no trabalho, restrição de tempo, limitações orçamentárias, de pessoal ou de espaço e nenhum medo de fracassar? O que faríamos?

Um "dia de céu azul" conota visibilidade ilimitada e tetos sem limites. Para criar uma atmosfera em que a geração corajosa e ilimitada de ideias possa ocorrer, normalmente escolhemos ter nossos dias de céu azul longe da sede. A casa de um membro da igreja, uma estação de férias próxima, uma cabana à beira do lago — quase qualquer locação irá funcionar, conquanto contribua para o livre pensar e a criação de ideias.

Também nos certificamos de destinar tempo suficiente para escapar de nossos padrões de pensamento restritivos e ter novas e livres maneiras de pensar. Pessoas no ministério são tão bem treinadas para identificar barreiras na estrada e "razões por que não" que talvez leve mais tempo do que você pensa para fazer com que sua equipe jogue de acordo com as novas regras. Em princípio elas se sentem ridículas oferecendo ideias que possuam limitações ou falhas óbvias. Mas, normalmente, se você mantiver a abordagem por tempo suficiente e assegurar o grupo de que "toda ideia é uma boa ideia", o ímpeto criativo irá por fim prevalecer.

Quando a Willow passou a ter o formato de dois cultos aos sábados — um às cinco e outro às sete — fomos inadvertidamente forçados a ter um intervalo para o segundo culto que restringia seu crescimento no longo prazo. Especialmente para famílias com crianças pequenas, o culto aos sábados às sete horas era terrivelmente inconveniente para vir à igreja.

Reuni as mentes mais brilhantes da equipe que eu conhecia e disse: "Eis o desafio: temos de achar uma maneira de fazer esse segundo culto crescer. O horário precisa ser o mesmo, mas, fora isso, sonhem grande!".

O resultado final de nosso tempo juntos foi uma série de ideias fantásticas. Decidimos romper com o formato que usávamos para os outros três cultos no final de semana. Ofereceríamos um estilo alternativo de adoração e diminuiríamos a mensagem de quarenta e cinco para vinte minutos. Estabeleceríamos uma sessão de perguntas e respostas e teríamos microfones abertos, posicionados por toda a congregação. Restringiríamos as respostas dos pastores a um minuto e meio para que eles não as transformassem em sermão. E projetaríamos um relógio de contagem regressiva gigante em ambas os telões para que os presentes pudessem ajudar os pastores a cumprir o tempo.

Por fim o formato levou à criação dos segmentos "Minha História", nos quais as pessoas compartilham testemunhos de três minutos, quando contam como se converteram e o que a fé representa para elas em sua vida diária na esperança de inspirar outros a terem uma vida centralizada em Deus. Algumas de nossas melhores e mais inovadoras ideias nasceram em um dia de céu azul.

Também usamos os dias de céu azul para outros propósitos que não o de solução de problemas. Nossa equipe de criação certa vez usou uma reunião de céu azul para sonhar com eventos "agitados". Nosso objetivo era criar meia dúzia de cultos que fossem completamente diferentes dos do final de semana, cultos que pegassem nossa congregação desprevenida e estimulassem o crescimento espiritual.

A maioria de nossas ideias, geradas naquele dia, foi escandalosa e impraticável. Mas algumas encontraram espaço na programação daquele ano e revolucionaram a Willow. Num final de semana, por exemplo, recebi líderes representando quatro diferentes tradições de fé — hinduísmo, budismo, judaísmo e cristianismo — no palco principal. Fiquei no corredor central com um microfone e os convidei a explicar o que suas religiões pensavam sobre temas como moralidade, salvação, eternidade e quem eles pensavam que Jesus realmente era. O nível de interesse da nossa congregação foi enorme e eu fiquei tocado após cada culto por ver quantas pessoas se impressionaram com as distinções que receberam naquele final de semana.

Em outra ocasião, recebemos um concerto da superestrela da música country Randy Travis e o convidamos para compartilhar sua história de fé.

Fizemos entrevistas com líderes que estavam dando sua vida para acabar com a pobreza global e a AIDS; fizemos apresentações de trinta minutos com artistas-residentes, nos quais cantores, pintores e bailarinos piedosos realizavam miniapresentações para estabelecer a mensagem para aquele final de semana. E tudo isso nasceu daquele exercício do céu azul.

Tenho encorajado todos os líderes da Willow a adotarem uma prática própria de céu azul, a despeito de se considerarem ou não "sujeitos criativos". Em minha opinião, um grupo que esteja conduzindo qualquer sorte de atividade contínua, com o tempo, corre o risco de agir conforme a rotina. A maneira mais fácil de evitá-la é receber permissão para pensar completamente diferente do que você jamais pensou antes. Departamentos de finanças que têm feito sua contabilidade do mesmo modo por duas décadas talvez precisem de questões "céu azul" do tipo como levantar fundos mais eficientemente ou como se estruturar de uma maneira mais inovadora. Equipes de líderes experientes talvez precisem de um céu azul para saber como conduzir reuniões com o máximo de energia em prol do Reino, em vez de alimentarem monstros burocráticos.

Em 2002, o presidente da universidade do Sul da Califórnia Steve Sample escreveu um livro chamado *The Contrarian's Guide to Leadership* [O guia do contrário na Liderança].[1] Ele me causou tamanha impressão que eu o transformei em leitura obrigatória para toda a minha equipe. No primeiro capítulo, ele escreve sobre o poder do "pensar cinza e livremente" e explica o conceito desta maneira:

> O líder cujo pensamento esteja restrito a rotinas batidas, que é completamente governado por suas paixões e preconceitos preestabelecidos, que é incapaz de pensar cinza ou livremente, e que não consegue sequer apropriar-se da imaginação criativa e das ideias frescas dos que estão ao seu redor, é tão anacrônico e ineficiente quanto o dinossauro. Ele pode por força das circunstâncias permanecer no poder, mas seus liderados quase certamente poderiam estar melhor sem ele.

Palavras duras, talvez, mas com as quais concordo plenamente.

Pegue sua equipe e sonhe um pouco, líder! Descarte suas restrições e deixe que o céu seja o limite. Os resultados podem soprar nova vida em todos!

LINKS
10 O valor de uma boa ideia — p. 55
35 Guarda-chuva da misericórdia — p. 133
73 A excelência honra a Deus e inspira as pessoas — p. 249

1 Sample, Steven B. **The Contrarian's Guide to Leadership**. San Francisco: Jossey-Bass, 2002.

44 Disposição para a ação

O jornal *USA Today* contou uma história certa vez sobre um rapaz que entrou em coma por conta de um terrível acidente de automóvel. E lá permaneceu, não por dezenove dias ou meses, mas por dezenove *anos*. Eles o entrevistaram logo depois que ele despertou de sua longa inconsciência e perguntaram: "Como você finalmente foi capaz de começar a falar?".

"Bem", ele disse, parando para considerar isso pela primeira vez, "eu apenas decidi começar a mexer meus lábios."

Enquanto lia o artigo do jornal não pude evitar em pensar: "Se tudo o que foi preciso para romper um coma de dezenove anos foi começar a mexer seus lábios, por que você não fez isso dez anos antes? Hoje, você estaria dando palestras!".

Pessoalmente nunca entendi a inatividade. Por que uma pessoa se assenta quando poderia voar bem alto, especula quando poderia agir ou se atrofia quando poderia se desenvolver? Isso está além da minha compreensão.

Pessoalmente nunca entendi a inatividade. Por que uma pessoa se assenta quando poderia voar bem alto, especula quando poderia agir ou se atrofia quando poderia se desenvolver? Isso está além da minha compreensão. Tenho certeza que Jesus sentiu a mesma coisa. Muitos adjetivos poderiam descrever o tempo de Jesus aqui no planeta Terra, mas *estado de coma* não seria um deles. No espaço de três anos no ministério "vocacional", ele realizou dezenas de milagres, curou centenas de pessoas, catalisou multidões de convertidos, montou o palco para a implantação mais ambiciosa de uma igreja na história e morreu pelos pecados de toda a humanidade. Ele foi o exemplo de alguém voltado para a ação.

Além disso, buscou seguidores que compartilhassem sua disposição para a ação. Veja o apóstolo Paulo: um ativista! Jesus interrompeu dramaticamente a jornada cheia de raiva do homem para Damasco porque sabia que, uma vez que as energias de Paulo fossem canalizadas para uma direção que honrasse a Deus, ele seria uma força da natureza pela causa do cristianismo.

E então havia Pedro. Lucas 5 diz que um dia Jesus estava à beira do lago, pregando para um grupo de pessoas. Necessitando de uma pequena distância da multidão que aumentava cada vez mais, Jesus decidiu continuar seu sermão na água. Ele viu alguns barcos à beira da praia, deixados ali por pescadores que estavam lavando suas redes, e então pulou em um e pediu a seu proprietário, Simão Pedro, para que remasse. Uma vez na água, ele retomou sua tarefa.

Jesus certamente possuía as habilidades necessárias para remar por conta própria. Mas tomar as rédeas da situação em suas próprias mãos daquela maneira não teria produzido nenhuma nova informação sobre a pessoa que ele estava pensando em ter em sua equipe. Jesus queria descobrir o que aconteceria a Pedro quando lutas ou desafios cruzassem seu caminho, e então fez um teste com ele.

"Você pode me dar uma mão, Pedro?" Esse foi o pedido de Jesus. Sem nenhum segundo de hesitação, Pedro disse sim. É claro que posso. É claro que me porei em ação quando uma necessidade surgir e que eu possa ajudar a suprir. Absolutamente, sim!

Mais importante ainda que o sim do apóstolo, no entanto, era a motivação por trás dele. O sim de Pedro foi motivado pelo interesse, não pela obrigação. Ele não sabia que estava sendo testado. Tudo o que sabia é que uma necessidade havia se apresentado e que ele era perfeitamente capaz de supri-la. E a supriu.

Por causa de sua forte disposição para a ação, Pedro passou no teste, Jesus concluiu o sermão e o Reino ganhou.

A coisa como um todo parece tão simples, tão elementar, mas sejamos honestos: *você* avalia o nível de motivação de alguém quando busca uma pessoa que se junte a você e à sua causa? Você tem a intenção de buscar aqueles que em virtude de padrões puramente emocionais dirão: "Seu dilema também é meu dilema"?

Pense nisso comigo: se Pedro tivesse respondido a Jesus com um lamento ou gemido por ter de ficar a noite inteira acordado ("Sem essa, Jesus, não vê que eu estou *exausto*?") ou que tinha muitas outras coisas para cuidar ("Você não pode encontrar outra pessoa para realizar uma tarefa tão comum?"), talvez tivesse perdido toda a sua aventura no Reino. Jesus estava procurando uma pessoa de ação porque sabia quanta energia sua causa demandaria. E, se ele recrutou pessoas voltadas à ação em seus dias, então o que espera de nós, seu quadro atual de líderes?

Se há um aspecto negativo em ter uma disposição para a ação e cercar-se de sujeitos ativistas, é que eles podem por vezes se machucar. Mesmo o apóstolo Pedro se viu num estado de hiperatividade certa vez, e bem na frente de Jesus. Lembra quando Pedro cortou a orelha de um rapaz antes de Jesus ser preso e levado para as autoridades? Jesus curou o pobre homem e provavelmente deu-lhe um ouvido aprimorado antes de criticar Pedro por seu erro. Mas eu tenho de me perguntar quanto Jesus ficou realmente transtornado. Eu prefiro frear um hiperativo de vez em quando do que ter de despertá-lo de um longo cochilo à tarde. E disso estou certo: o que estamos tentando edificar — a igreja local, a esperança do mundo — não será edificado por tipos que ficam balançando na rede, fumando cachimbo, assistindo a vídeo e são sonolentos. Não será possível. Trata-se de uma tarefa difícil demais!

Eu oriento pastores por todo o mundo crendo que Deus ainda está procurando pessoas que arregaçarão mangas e cavarão algo — qualquer coisa! — em vez de inclinar-se no cabo da pá, comentando presunçosamente sobre o terrível estado de coisas no mundo.

Eu estava ajudando, anos atrás, uma igreja da Willow Creek Association que estava numa campanha de construção e, a caminho do aeroporto para a igreja, o pastor titular e eu conversávamos sobre esse conceito da "disposição para a ação". Ele me disse que sempre que considerava contratar alguém novo, dava à pessoa um teste de direção. Ela procura pela faixa mais veloz? Pelo caminho mais curto? Mantém distância segura dos motoristas mais próximos?

Aconteceu de estarmos parados em um semáforo enquanto ele me dizia tudo isso, e no meio da conversa o farol mudou de vermelho para verde. Esperei alguns segundos para que ele notasse, mas nada aconteceu. Finalmente, não pude me conter: "Está verde, Mario. Se você é tão ativo, então pise no acelerador! Eu estou morrendo de tédio aqui!".

Amigo, nosso mundo está no sinal verde. As portas estão abertas, o caminho está livre, a colheita é enorme e o tempo de agir é agora. Creio que Deus está olhando a fim de derramar seu favor sobre aqueles que estão esperando fora da cama todas as manhãs, prontos para promover a causa para a sua glória. *Lidere* com disposição para a ação. Cerque-se de *outros* que tenham disposição para a ação. Você nunca se arrependerá disso.

LINKS

8 Contrate os melhores — p. 50

23 Teste antes — p. 99

45 # Desempenho compra liberdade

Além das grandes campanhas e dos programas de construção de templos, a maior despesa de uma igreja é normalmente com seus funcionários. Assim, como a pessoa responsável por administrar salários, funções e recursos pessoais, tenho tido sempre como prioridade aperfeiçoar os membros de nossa equipe a fim de que desenvolvam seu potencial máximo. Mas o que significa *aperfeiçoá-los*? Por anos tenho me perguntado com que proximidade devo liderar minha equipe, com que firmeza devo gerenciar pessoas. Depois de muitos experimentos, eis aonde cheguei.

Se membros da equipe estão fazendo seu trabalho realmente bem — correspondendo ou superando às minhas expectativas —, então eu lhes dou mais liberdade e os fiscalizo menos. Explico a eles meu espírito de liberdade, dizendo: "Vocês chegaram a esse ponto com um desempenho sólido. Sua persistência, esmero e percentual de 'ganho' compraram o privilégio de um estilo de gerenciamento mais solto."

Se membros da equipe estão fazendo seu trabalho realmente bem — correspondendo ou superando às minhas expectativas —, então eu lhes dou mais liberdade e os fiscalizo menos.

Mas, se o desempenho começa a decair, o monitoramento aumenta — rapidamente. E, se *continua* a decair, investigações oficiais serão organizadas, reuniões especiais serão convocadas e chegaremos à raiz do problema logo. Mas o ponto é: quem faz a escolha é a equipe. Minha parte no trato é clara: o desempenho compra a liberdade.

Essa filosofia apoia a necessidade de os líderes trabalharem com um plano estratégico, porque, quando uma equipe olha para os indicadores, para os prazos finais e a entrega que ditará a atividade ministerial, torna-se dolorosamente óbvio como despersonalizar toda essa "liberdade". Digamos que uma das pessoas sob minha direção direta esteja trabalhando de acordo com o plano estratégico que estabelecemos e eu comece a interferir em suas atividades como se ela estivesse andando fora dos trilhos. Nossos objetivos previamente acordados estão sendo atingidos, ela está tendo um desempenho de acordo com minhas expectativas e não há verdadeiramente razão para preocupação. Ainda assim, eu interfiro. Nessa situação, ela tem todo o direito de dizer: "Ei, você não tem coisas mais importantes para cuidar? Com todo o respeito, Bill, mas meu desempenho fala por si".

Do mesmo modo, se seu desempenho decresceu e seus alvos iniciais não estão sendo atingidos, é justo que eu apareça em seu escritório com mais frequência e faça uma série de perguntas. Ela esperaria que eu agisse assim.

Você tem de decidir por si mesmo como gerenciar sua equipe, mas seja o que fizer, por favor, *tome a decisão*. Muitos líderes nunca cristalizam sua filosofia de gerenciamento e flutuam entre dois padrões: controle sufocante ou abdicação. Nenhum dos dois funcionará bem no longo prazo.

Não deixe essa questão à deriva. As pessoas que lideramos e o Deus a quem servimos merecem algo muito melhor que isso.

LINKS
23 Teste antes — p. 99
60 Pague agora, brinque depois — p. 210

46 PREOCUPE-SE COM AS PEQUENAS COISAS

O consenso entre muitos líderes experientes é o de que eles voam alto demais e correm depressa demais para que se espere que eles se preocupem com as pequenas coisas envolvidas na liderança de sua organização. E o que é pior: quanto mais tempo lideram, mais relaxados se tornam, justificando seu crescente descaso com a declaração de que são pessoas que cuidam apenas das "grandes coisas"... pessoas de voo a cinquenta mil pés.

Essa atitude presta um desserviço a todos que eles lideram.

Meus colegas quase sempre ficam chocados ao ouvirem que eu envio entre quinze e trinta notas escritas à mão por semana a pessoas que nos ajudaram na Willow. Ou que eu responda aos meus críticos quando eles gastam tempo para escrever. Ou que eu forneça informações a meu assistente sobre quais voos serão melhores para determinada viagem ou que eu ocasionalmente examine os gráficos dos assentos em jantares estratégicos que estejamos organizando na Willow. Essas coisas podem parecer triviais para algumas pessoas, mas os melhores líderes que conheço têm a justa medida da quantidade de pequenas coisas requeridas para fazer bem o seu trabalho e então se predispõem a elas de maneira meticulosa. Eles retornam ligações e acusam o recebimento de correspondências. Respondem

Os melhores líderes que conheço têm a justa medida da quantidade de pequenas coisas requeridas para fazer bem o seu trabalho e então se predispõem a elas de maneira meticulosa.

perguntas de seus liderados de maneira clara e em tempo oportuno. Acompanham a movimentação financeira de sua organização. Mantêm a diretoria atualizada regularmente com breves *e-mails* informativos. Não estou sugerindo que eles assumam coisas que sua equipe administrativa pode e deve fazer, mas as coisas com as quais precisam se preocupar; com estas, eles se preocupam. E, como consequência, são considerados indivíduos confiáveis e responsáveis.

Anos atrás, diante de toda a equipe da Willow eu os lembrei da importância de se preocuparem com as pequenas coisas. Era metade da década de 1990, e a nossa igreja estava crescendo rapidamente. Havíamos atraído muitas famílias novas e, ao fim de quase todos os cultos de final de semana, eu cumprimentava uma longa fila de recém-chegados que estavam buscando maneiras de se envolver com a nossa igreja. "Nós amamos a igreja e estamos ansiosos por começar a trabalhar como voluntários aqui", diziam. "Mas quando ligávamos em busca de informações, ninguém retornava."

Meu coração quase parou. "Mesmo? Você se lembra para quem você ligou?"

Eles me davam os detalhes e toda vez eu fazia um registro mental dos departamentos ou dos membros de equipe mencionados. Nas semanas seguintes tabulei o número de vezes que ouvi sobre a equipe que trabalhava com as crianças ou sobre os companheiros dos pequenos grupos ou sobre a equipe de ministério com estudantes e como haviam falhado em cumprir a tarefa de retornar as ligações. Então convoquei uma reunião com toda a equipe da igreja.

"Pessoal", eu disse pacientemente, "Deus escolheu incumbir nossa igreja de receber mais pessoas e, se queremos servir bem essas pessoas, temos de responder a elas. Eu gostaria de pedir que vocês retornassem as ligações dessas pessoas em vinte e quatro horas, mesmo que seja somente para explicar que vocês não têm uma função como voluntário disponível no momento. Por favor, retornem todas as ligações. Ninguém gosta de se sentir ignorado, especialmente na igreja."

A equipe concordou que poderia fazer melhor e eu concluí que a questão estava resolvida.

Semanas se passaram e, para minha surpresa, os problemas continuaram. Eu cumprimentava longas filas de pessoas e ouvia que elas também haviam ligado para a igreja, ouviam a promessa de que receberiam uma ligação, mas não recebiam. Assim, convoquei outra reunião.

"Talvez eu não tenha sido claro da última vez", disse. "O que eu quis comunicar foi que espero que *todas* as pessoas nesta sala retornem *todas* as ligações em vinte e quatro horas após recebê-las. Sem exceção. Espero de forma geral que o fluxo de reclamações congregacionais diminua a zero em um mês. Fechado?"

A equipe concordou que poderia fazer melhor e, de novo, concluí que a questão estava resolvida.

Mais semanas se passaram e mais reclamações chegaram.

A terceira reunião para tratar o assunto foi convocada.

"Eu obviamente sou incapaz de comunicar esta mensagem a vocês", eu disse com muito menos paciência desta vez. "Ou isso, ou vocês são totalmente incapazes de ouvi-la. Vou falar pela última vez, e depois serei obrigado a agir de um modo que nenhum de vocês gostaria que eu fizesse. Vocês responderão às solicitações da congregação, ou não continuarão trabalhando aqui. Se eu continuar ouvindo que o seu ministério não está respondendo às ligações, colocarei o departamento inteiro em meu escritório, terei os nomes, endereços e números de telefone de todas as pessoas decepcionadas em mãos e resolveremos a situação de uma vez por todas."

Pelo olhar deles, eu poderia dizer que a equipe ficou chocada. "Você não pode fazer isso!", eles estavam pensando. Mas eu lhes assegurei que poderia. E faria, a menos que me levassem a sério nessa questão. Felizmente a equipe respondeu como era preciso, e a situação não teve de ser resolvida de outra forma.

Agora, não estou necessariamente defendendo que sua equipe seja ameaçada com ultimatos. Mas acredito que há ocasiões quando você tem de aumentar o nível de cobrança ao ponto de a organização ser lembrada de que as pequenas coisas de fato importam. Não interessa quem você seja. Não importa quanto esteja ocupado e quantas pessoas você lidere.

LINKS

7 Um proprietário ou um assalariado — p. 44

39 Só para ser claro — p. 142

70 Pontualidade acima de tudo — p. 241

47 DIFÍCIL, MAS REALIZÁVEL *VERSUS* DIFÍCIL E DESTRUTIVO

Determinados axiomass de liderança me vêm praticamente da noite para o dia. Então experimento um conjunto de circunstâncias, formulo um ponto de vista claro sobre o assunto e aplico imediatamente minha lógica recente a meu plano de avanço.

Este não é um desses axiomass.

Os que me conhecem bem sabem que sou intenso e ativo. Para mim, quanto maior o desafio, mais gosto dele. Sempre me apliquei ao máximo para resolver problemas, superar as barreiras e produzir mais ganhos para Deus quanto pudesse produzir. Mas, à medida que os anos passam, tenho começado a fazer perguntas que nunca fiz quando jovem líder. Perguntas como: Fazer crescer uma igreja é assim tão difícil? Contratar pessoas é assim tão difícil? Arrecadar dinheiro, preparar mensagens e discipular pessoas em sua caminhada com Cristo é assim tão difícil? A soma da vida ministerial é *assim incrivelmente difícil*?

A resposta, eu descobri, foi sim. E não.

Uma rápida leitura de Efésios 6 diz que estamos em luta contra principados e potestades, contra poderes deste mundo tenebroso.[2] Não sei quanto a você, mas para mim essa imagem parece dizer que sim, o ministério *deve* ser muito difícil. Trata-se de uma batalha enorme contra forças espirituais!

2 Efésios 6.12

Mas então você volta, na Bíblia nove livros e lê as palavras de Jesus: "[...] Meu jugo é suave e meu fardo é leve."[3]

Mas o que é isso?

Reuni minha equipe de líderes um dia e lhes disse que gostaria de conversar se o trabalho que estávamos fazendo era muito difícil. É interessante notar que, quando você convoca uma reunião para discutir o quão duro todos estão trabalhando, todo mundo aparece.

Eu pedi a eles que descrevessem os desafios mais difíceis que estavam encarando no momento e observei atentamente como eles reagiam. Alguns admitiram que os desafios encarados por seus departamentos ministeriais eram os mais difíceis que já haviam enfrentado. Mas, ao falarem de suas pressões, sua energia na verdade aumentava, seus olhos brilhavam e sua postura parecia endireitar-se um pouco. Eles usavam linguagem do tipo: "Ele é revigorante!", "É difícil, mas é divertido!", "Estamos fazendo nossas melhores orações, e quando chegarmos ao topo desse monte, iremos verdadeiramente celebrar!".

"Tudo bem", eu pensei, "então esse é um tipo de 'difícil' — um difícil impulsor e inspirador."

Ao continuarmos em redor da mesa, notei que outros membros da equipe descreviam suas estações de desafio usando uma linguagem bem diferente. Falavam sobre como estavam perdendo o sono à noite. Como estavam experimentando ansiedade e crescentes períodos de medo e abatimento. Como estavam tendo pensamentos escapistas. Como estavam temerosos de perder seus empregos se não apresentassem novos e excelentes resultados com os vários projetos que estavam supervisionando.

Esse era um "difícil" de outro tipo. Era *muito* difícil.

Fui até um quadro e perguntei se seria útil pensarmos sobre o trabalho ministerial de duas maneiras distintas: "difícil, mas realizável" *versus* "difícil e destrutivo." Cabeças começaram a acenar em concordância. Coloquei os termos no topo de duas colunas e enfatizei o fato de que

3 Mateus 11.30

algumas coisas no ministério são compreensivelmente difíceis. "Se você estiver ajudando a discipular alguém que viveu uma vida autodestrutiva antes de conhecer a Cristo", eu disse, "o seu trabalho será desafiador. É difícil conduzir alguém para cima da média do aprendizado espiritual, mas, se isso acrescenta vida a você e se seu espírito se eleva ao fazer esse tipo de trabalho, provavelmente todos concordaríamos que ele se enquadra no lado da equação do 'difícil, mas realizável'."

Todos também concordaram, e eu continuei. "Do mesmo modo, se você tem de preparar cinco novos sermões em uma semana e sabe que não há tempo suficiente naquela semana para que você possa prepará-los bem, seria possível dizermos que essa tarefa é '*destrutivamente* difícil'?"

Continuamos citando exemplos do que seria 'difícil, mas realizável' e 'difícil e destrutivo', e estabelecemos dois acordos uns com os outros. O primeiro foi o de que todos nós precisávamos ter a coragem e a determinação de operar consistentemente na categoria do 'difícil, mas realizável'. Se quiséssemos uma profissão fácil, dissemos, então deveríamos encontrar algo fora do ministério para fazer.

O segundo acordo que fizemos foi: sempre que observássemos nosso ministério caminhando para a coluna do 'difícil e destrutivo', levantaríamos a bandeira da preocupação e conversaríamos sobre como mudar as expectativas e os papéis ou como alterar as tarefas para que não operássemos conscientemente de modo a danificarmos nossa alma, corpo, casamento e habilidade de ministrar com eficiência no longo prazo.

Acabei conversando com toda a equipe sobre essas ideias e até hoje, se alguém entrar em meu escritório cansado por causa do ministério, teremos a discussão do "difícil, mas realizável" *versus* o "difícil e destrutivo". Ela é a maneira mais simples que conheço de manter o ministério sadio.

Anos atrás, o psicólogo Mihaly Csikszentmihalyi escreveu um livro intitulado *Flow* [Fluxo], que explora aquilo que torna as experiências algo genuinamente gratificante. Ele descobriu que, quando as pessoas se sentem fortes, alertas e no controle sem esforço, sem constrangimento e no auge de suas habilidades, é porque estabeleceram desafios para si mesmas que não eram nem muito difíceis nem muito simples para suas capacidades. "Com alvos assim", ele diz, "aprendemos a ordenar a informação que entra em nossa consciência e com isso melhorar a qualidade da nossa vida".[4]

Sempre que observássemos nosso ministério caminhando para a coluna do 'difícil e destrutivo', levantaríamos a bandeira da preocupação e conversaríamos sobre como mudar as expectativas e os papéis ou alterar as tarefas para que não operássemos conscientemente de modo a danificarmos nossas alma, corpo, casamento e habilidade de ministrar com eficiência no longo prazo.

Posso atestar o que esse autor húngaro diz, pois a última vez em que passei por uma época ministerial "difícil e destrutiva" eu caminhava e falava na direção oposta de tudo o que ele descreve — tanto que, um dia, cheguei em casa, abri meu diário e escrevi estas palavras:

> O modo como estou fazendo a obra de Deus está destruindo sua obra em mim. Algo tem de mudar. Logo.

Por certo enfrentaremos momentos difíceis no ministério. Mas, se você tem constantemente temido seus dias, consistentemente se sentido sobrecarregado e consistentemente sonhado em sair (e talvez nunca retornar), então o ritmo e a abordagem de seu ministério estão provavelmente matando aquilo que Deus espera realizar em e por meio de você. Pegue uma folha de papel, desenhe suas próprias colunas e tenha a justa medida de seu desafio. Façamos juntos uma aliança para mantermos nosso ministério sadio.

LINKS

49 Isso é sustentável? — p. 177

73 A excelência honra a Deus e inspira as pessoas — p. 249

76 Termine bem — p. 259

[4] Csikszentmihalyi, Mihaly. **Flow:** The Psychology of Optimal Experience. New York: HarperPerennial, 1991.

48 DESENVOLVA UM SISTEMA DE ESPIONAGEM

Escolas de administração frequentemente ensinam que líderes responsáveis permanecem dentro da cadeia de comando quando se trata de obter informações sobre o que está acontecendo no âmago de sua organização. Em outras palavras, as únicas pessoas com quem você deve conversar são as que se reportam diretamente a você. Tanto em minha carreira nos negócios quanto em trinta e tantos anos de ministério, tenho violado esta instrução... de propósito.

Eu acredito que um líder responsável deve confiar em muitos canais de informação para averiguar o que realmente está acontecendo em sua organização. Por isso tenho trabalhado duro durante os anos para encontrar indivíduos confiáveis que amam a Deus, a igreja, me amam e sejam corajosos o bastante para me dizer a verdade, mesmo quando ela for dura de ser ouvida.

Hoje eu provavelmente tenho dezenas de canais de comunicação que forneçam percepções honestas e acuradas com relação às várias organizações a que sirvo. Com alguns deles, estabeleço um acordo em que me fornecem avaliação regular sobre cultos ou conferências ou sobre como estamos nos saindo em um departamento que reorganizei recentemente. Com outros, a abordagem é muito mais coloquial e informal. Mas com todos esses companheiros — saibam que estão trabalhando como meus "espiões" ou não — as linhas de comunicação estão escancaradas.

Às vezes eu lhes peço opiniões sobre vários assuntos dentro da organização. Outras vezes quero apenas me certificar de que estou disponível para receber qualquer informação espontânea que queiram comunicar. Não ajo necessariamente conforme toda perspectiva que ouço, mas acho que, se carrego meu cérebro com muitas informações, fico mais qualificado a corroborar aquilo que minhas estruturas formais de comunicação estão me dizendo.

Na maior parte do tempo, meus canais informais simplesmente apoiam o que meus relatórios diretos estão me relatando. Outras vezes, no entanto, a palavra na rua não está necessariamente em harmonia com as garantias de um de meus colegas de equipe. Quando isto acontece, coloco a pessoa de lado, investigo suas percepções e começo a ponderar o que devo fazer com essa informação.

As pessoas a quem me reporto diretamente precisam saber que tenho fontes outras que as daqueles que se sentam à minha frente semanalmente. Se eles estão trabalhando duro e me mantendo informado ao longo do caminho, as conversas que tenho ao parar o carro no estacionamento ou em um restaurante ou ao ler meu *e-mail* particular não devem ter nenhuma importância. E, se eles têm pintado um quadro mais cor-de-rosa do que a realidade, não me importo de que saibam que vou descobrir isso com o tempo.

As pessoas a quem me reporto diretamente precisam saber que tenho fontes outras que as daqueles que se sentam à minha frente semanalmente.

LINKS

25 Sem surpresas de última hora, por favor — p. 106

41 Passe as coisas a limpo rapidamente — p. 148

52 Fatos são seus amigos — p. 186

49 Isso é sustentável?

Em uma manhã gelada de inverno que só Chicago pode produzir, fui a uma academia da ACM para correr dentro do ginásio. Meu plano era dar trinta voltas e, próximo da volta dez, notei outra pessoa entrar na pista e correr a toda velocidade como se estivesse competindo uma prova de cem metros. Ele correu rápido e forte, mas depois de seis voltas desistiu da corrida.

Ao passar por ele, respirando com dificuldade, pensei: "Essa cena é um retrato de meus primeiros dias como líder".

Quando comecei meu trabalho na igreja, ficava encantado com qualquer gráfico cuja linha subisse e fosse para a direita. Não importava quanta energia eu tinha de gastar ou quanto recurso *qualquer pessoa* tinha de investir para continuar aquele crescimento. Contanto que as vidas fossem transformadas e a conta de luz estivesse coberta, eu estava contente. Agradecia a Deus pelo sucesso que estávamos observando, nunca percebendo que nossos ganhos de curto prazo custavam um preço e um ritmo irreal para nossos funcionários e voluntários. Os ganhos que estávamos obtendo seriam impossíveis de serem sustentados.

Por certo não sou o único líder com uma posição firme sobre essa questão de sustentabilidade. Na verdade, sei que não sou, considerando-se como muitos pastores se gabam a mim sobre quantos ministérios iniciam todo ano, esperando secretamente que eu não pergunte quantos deles desabaram e viraram cinzas em seis meses.

Pessoalmente, não quero iniciar algo a menos que tenha o forte sentimento de que podemos construí-lo, provê-lo de recursos e sustentá-lo no longo prazo. Bons líderes estimulam as pessoas a grandes compromissos. Deflagram visões estimulantes e dizem: "Se todos nos unirmos, poderemos tomar este monte!". Mas, em algum ponto ao longo do caminho, eles têm de se perguntar quantos montes podem realmente pedir às suas congregações que escalem em determinado período de tempo. E quantos seu povo pode efetivamente sustentar? Se não pensar bem nos desafios, você irá frustrar sua igreja *e* a si mesmo. E isso não é divertido para ninguém.

Quando me envolvi com o trabalho da igreja pela primeira vez, meu filtro para determinar a atividade ministerial tinha apenas dois critérios. Contanto que ela promovesse o Reino e que nós tivéssemos a capacidade de iniciá-la, então "ela" geralmente era aprovada. Mas com o tempo, quando nossa equipe de líderes apresentou novas iniciativas com as quais estavam todos empolgados, comecei a acrescentar uma terceira consideração: *Ela é sustentável?*

Bons líderes estimulam as pessoas a grandes compromissos. Deflagram visões estimulantes e dizem: "Se todos nos unirmos, poderemos tomar este monte!". Mas, em algum ponto ao longo do caminho, eles têm de se perguntar quantos montes podem realmente pedir às suas congregações que escalem em determinado período de tempo.

Se a resposta fosse não, talvez alterássemos o plano a fim de ver se poderíamos fazê-la funcionar, mas, se não conseguíssemos, não a lançávamos. Fracassos às vezes podem causar danos terríveis, tanto à organização quanto às pessoas. Corações são partidos e a fé fica abalada. Não seria melhor fazer essas três perguntas: Ela promove o Reino? Podemos lançá-la bem? Ela é *sustentável?*

A ideia amadureceu para mim quando a Willow começou suas parcerias na América Latina. No primeiro ano de nosso envolvimento, investimos pouco mais de cem mil dólares. No ano seguinte, investimos duzentos mil. No outro, trezentos mil. Você pode ver para onde isso está indo.

Em nosso oitavo ano, estávamos investindo aproximadamente um milhão de dólares por ano nesse esforço, enviando quase mil voluntários a lugares como a República Dominicana e Costa Rica anualmente. As parcerias estavam florescendo e o resultado de nosso investimento provavelmente geraria novos santos redimidos aos milhares. Mas acordei um dia e percebi que nessa velocidade estaríamos enchendo aviões com membros da Willow para esses lugares e empenhando todo o nosso orçamento anual nesse esforço. Valeria a pena? Claro que sim. Mas poderíamos sustentá-lo? Essa era outra questão.

Nosso orçamento para a América Latina tinha de ser limitado. Eu então convoquei uma reunião com nossos parceiros daquela parte do mundo e coloquei a questão que ninguém queria ouvir: "Em vez de perguntar se podemos ou não *começar* parcerias efetivas com pessoas na América Latina, penso que temos de perguntar: Podemos sustentá-las nos próximos dez ou vinte anos?".

A discussão que se seguiu foi saudável enquanto fazíamos uma análise sobre o nível de envolvimento voluntário e de investimento em recursos ministeriais que estávamos preparados para fazer — e fazer no longo prazo. Ao final, Deus nos conduziu a um nível de apoio que era generoso e sustentável.

Levou um pouco de tempo para ajustarmos esse nível de recursos, mas nossos líderes finalmente concluíram o processo, transformando o empreendimento em algo *sustentável.* Recentemente celebramos vinte anos de ministério na América Latina. Senti muito orgulho de nossa equipe.

O conceito de sustentabilidade está sendo incorporado nos círculos do Reino e sua chegada se dá com bastante atraso. Como líderes da mais importante iniciativa do planeta Terra, temos de melhorar em se tratando de estabelecer aquilo que podemos sustentar. As pessoas com quem temos parcerias merecem isso.

LINKS
3 Você sempre está em determinada fase — p. 32
6 Manobra radical — p. 42

sustenta

50 Não "pise na bola"

Antes que você presuma partindo do título desse axioma que eu desencorajo meus liderados a correr riscos, permita-me explicar. Quando um líder cria um ambiente de tolerância a riscos, em que colaboradores são constantemente encorajados a sair da sua zona de conforto e tentar algo novo, esse líder tende a atrair os que estão dispostos a correr riscos no seu campo.

Especialmente com equipes mais jovens e empolgadas, a dose de adrenalina por ter recebido as chaves do carro do Reino faz com que o entusiasmo das pessoas ultrapasse seu discernimento. Às vezes é quase possível ver a ousadia em seu rosto enquanto se preparam para fazer um salto solo, em queda livre, para Jesus.

Especialmente com equipes mais jovens e empolgadas, a dose de adrenalina por ter recebido as chaves do carro do Reino faz com que o entusiasmo das pessoas ultrapasse seu discernimento. Às vezes é quase possível ver a ousadia em seu rosto enquanto se preparam para fazer um salto solo, em queda livre, para Jesus.

Ao longo do caminho, desenvolvi *slogans* abreviados para ajudar com essa situação específica. Eu olhava direto nos olhos daqueles jovens confiantes e dizia: "Essa é uma oportunidade realmente empolgante que vocês estão tendo e estou feliz por vocês! Mas posso lhes dar um conselho? Não percam seu melhor juízo na euforia de lançarem algo novo. Pensem nas coisas como um todo. Cubram os detalhes. Façam o acompanhamento necessário para que aumentem a probabilidade de que essa coisa nova e divertida do Reino de fato funcione no longo prazo". E então, com um sorriso para confundi--los, acrescento: "Não 'pisem na bola'".

Isso se tornou linguagem comum na Willow agora. Alguém pede minha permissão para uma nova iniciativa e, antes que eu diga qualquer coisa, a pessoa diz: "Agora, sei que você irá me dizer para não 'pisar na bola' e quero que saiba que *não* vou 'pisar na bola'. Irei prestar atenção a todos os detalhes e certificar-me de que iremos começar o projeto direito".

"Vou cobrar isso de você!", eu digo.

Quando você pensa a respeito, líderes adquirem credibilidade ao não meterem os pés pelas mãos. Se você sempre vive perdendo oportunidades no Reino, quem irá lhe oferecer a próxima?

Jesus ensinou que, se você for para uma batalha, é bom que considere antes e saiba precisamente com quem está se indispondo. Se for erguer um edifício, ele também aconselhou, conheça o seu orçamento e não extrapole os valores orçados, ou nunca conseguirá terminar a obra.

Em essência, estou dizendo a mesma coisa: "Espero que você tenha uma quantidade indefinida de diversão com essa iniciativa empolgante e ajude muitas pessoas enquanto estiver envolvido com ela. Mas concentre-se em cada passo do caminho. Conheça o seu plano. Teste suas suposições. Administre seus recursos. Ao fazer isso, você conquistará o privilégio de fazer muito mais no futuro, com confiança".

LINKS

12 É preciso aventurar-se — p. 63

54 Todo soldado merece comando competente — p. 193

57 Aprendemos alguma coisa? — p. 202

51 SOSs

Quando nossa equipe era pequena e eu ainda não tinha uma secretária, as pessoas entravam e saíam do meu escritório o dia inteiro para manter-me informado de como andavam as coisas na organização. Ocasionalmente alguém chegava e dizia: "Bill, você sabia que algo deu errado no grupo de estudantes [ou no ministério de música, de solteiros ou de crianças]?". Eu ia conferir e quase sempre a pista que eu recebera era não somente acurada como também atenuada. Algo vergonhoso ou perigoso estava acontecendo e eu teria de fazer meu melhor para corrigir a situação.

No entanto, quando nossa equipe passou de setenta e cinco pessoas, tive de aceitar o fato de que eu não mais ouviria todos aqueles problemas que estavam acontecendo na organização. Isso me irritava.

Assim, reuni a equipe e disse-lhes que precisava da ajuda deles. "Sempre que notarem algo que eu não notei por aqui", eu disse, "algo que viole nossos valores, algo prejudicial ou perigoso, eu lhes dou permissão para que levem esse problema a seu supervisor direto para imediata resolução. Considerem-se autorizados!"

O tempo passou e esse novo processo parecia estar funcionando bem. Mas, então, notei uma tendência. Com regularidade crescente, eu passava pelos corredores entre uma reunião e outra e era parado pelos membros da equipe que não estavam muito empolgados com o novo processo. Eles eram pessoas que antes podiam entrar no meu escritório sempre que quisessem, mas naquele momento eu não estava tão disponível. Eles começavam a conversa dizendo: "Bill, *se você soubesse* o que estava se passando aqui...".

Eu pedia que descrevessem suas preocupações e muito frequentemente recebia uma reprimenda.

"Pessoal, nova política. Se vocês observarem algo que seja perigoso, deficiente ou prejudicial a nossos valores como vocês os entendem, ainda peço que levem o problema ao seu supervisor direto. Mas, se essa pessoa não agir em relação ao problema em um espaço de tempo razoável, quero que me enviem um SOS. Vocês podem enviá-lo de qualquer tipo de ferramenta de comunicação. Podem ficar plantados ao lado do meu carro no estacionamento ou ligar para a minha casa, eu não me importo. O que me importo é que encontrem uma maneira de comunicarem-se comigo quando problemas sérios não estiverem sendo tratados."

Depois de ouvir a história, eu perguntava por que esses problemas não estavam sendo resolvidos. Meus colegas olhavam para mim com olhos arregalados e diziam: "Eu o levei ao supervisor como você disse, mas ele não fez nada a respeito! Ele não acha que isso seja importante!".

Depois de várias dessas conversas, percebi que não tinha mais uma garantia de que nossa equipe como um todo estivesse comprometida a resolver alguns de nossos problemas organizacionais mais sérios. Convoquei outra reunião da equipe, coloquei-me diante de todo o grupo, que àquela altura tinha mais de duzentas pessoas, e disse: "Pessoal, nova política. Se vocês observarem algo que seja perigoso, deficiente ou prejudicial a nossos valores como vocês os entendem, ainda peço que levem o problema ao seu supervisor direto. Mas, se essa pessoa *não agir* em relação ao problema em um espaço de tempo razoável, quero que me enviem um SOS. Vocês podem enviá-lo de qualquer tipo de ferramenta de comunicação. Podem ficar plantados ao lado do meu carro no estacionamento ou ligar para a minha casa, eu não me importo. O que me importo é que encontrem uma maneira de comunicarem-se comigo quando problemas sérios não estiverem sendo tratados".

Eu lhes disse aquele dia que eles tinham meu compromisso pleno de enviar uma resposta a todo SOS que eu recebesse até vinte e quatro horas de sua chegada. "Onde quer que eu esteja no mundo, e a despeito de ser no meio da tarde ou da noite, se vocês me enviarem um SOS, farei o que estiver ao meu alcance para responder em até vinte e quatro horas. Ou eu mesmo respondo ou encarrego um emissário ou lhes direi que, conquanto aprecie sua preocupação, o problema não é sério o suficiente segundo o meu juízo para ser tratado imediatamente. Mas vocês ouvirão uma resposta minha em até vinte e quatro horas, de um modo ou de outro."

O código do SOS se tornou uma ferramenta muito útil por meio da qual as pessoas que estavam dentro da organização podiam expressar suas frustrações e auxiliar na localização de defeitos das partes comprometidas no nosso ministério. Alguns dos SOSs que recebi nos salvaram de perigos iminentes, como quando descobri que muitos de nossos voluntários da manutenção haviam transportado membros de nossa equipe de base de uma parte da nossa propriedade a outra dentro da escavadeira dianteira de um trator. Se alguém tivesse se machucado durante o divertido passeio, bem, você sabe...

Outros não eram tão dramáticos. Um SOS me alertou para o fato de que havíamos negligenciado a mudança do conjunto de símbolos em um prédio que havíamos acabado de reconstruir.

Como consequência, muitas pessoas estavam se perdendo ao se deslocarem de uma de nossas propriedades para a outra. Como você pode imaginar, perguntei a quem me avisara, se havia levado o problema a seu supervisor. "Sim", ele disse, "mas o supervisor falou que não estava no nosso orçamento o pagamento de novos símbolos."

Com meu medidor de loucura suficientemente obstruído, eu lhe disse que resolveria o problema imediatamente. Chamei o supervisor e perguntei a ele quanto novos símbolos nos custariam. Ele me deu o valor e eu disse: "Escute, eu pago do meu bolso se for preciso, mas não vamos continuar colocando um monte de gente na direção errada só porque não conseguimos encontrar algumas centenas de dólares para consertar símbolos".

Líderes de grandes organizações me disseram que quase sempre estabelecem *e-mails* e linhas telefônicas particulares para que os problemas insolúveis da organização possam chegar até eles. Bons líderes rastreiam 95% dos problemas sérios de suas empresas estabelecendo declarações de visão claras, valores fortes, alvos sólidos e políticas ponderadas. Mas nunca ficam satisfeitos até que os últimos 5% também apareçam. Você tem de selecionar o sistema que seja adequado a você. Na Willow, tem sido a tática do SOS. Felizmente, até onde me lembro, em mais de vinte anos de aplicação dessa tática, nunca violei essa regra mágica das vinte e quatro horas.

LINKS

25 Sem surpresas de última hora, por favor — p. 106

29 Velocidade do líder, velocidade da equipe — p. 117

36 Ajude-me a entender — p. 135

41 Passe as coisas a limpo rapidamente — p. 148

52 Fatos são seus amigos — p. 186

52 Fatos são seus amigos

Talvez em nenhuma outra indústria os fatos sejam mais relevantes para os líderes do que no trabalho da igreja. Se você colocar em uma fila centenas de pastores cujas igrejas estão lentamente morrendo e perguntar a eles como vão as coisas na igreja, irá ouvir coisas malucas do tipo: "Temos muitas pessoas que ainda são muito fiéis...", ou "Ainda há um bom espírito entre os que permanecem...", ou "O povo de Deus encarou coisas difíceis assim desde o princípio da sua história...", ou ainda "Muitos de nós acreditamos que os nossos melhores dias ainda estão por vir...", ou "Às vezes você tem de apenas perseverar em tempos assim, sabe?".

Eu por vezes, diante de frases como essas, pergunto: "Você sabe *por que* as coisas estão em tamanho estado de declínio?". As respostas que recebo fazem com que eu abane a cabeça, incrédulo.

"Bem, uma nova barreira se ergueu no caminho e parece que há agora um espírito demoníaco de opressão infiltrando-se em toda a comunidade."

Ou: "Os tempos mudaram, Bill. Eu prego a verdade, mas ninguém quer mais ouvi-la".

Eu poderia continuar, mas penso que você entendeu. Esses líderes me dão inúmeras ideias inverificáveis sobre por que as coisas estão tão mal para suas igrejas, mas no fundo a verdade é que eles não sabem.

"Você já pensou em perguntar ao seu povo o que está acontecendo?", eu pergunto. Uma expressão de espanto surge nessa altura da conversa, e eu continuo. "Quero dizer, e se vocês reunissem um grupo de pessoas--chave e examinassem os problemas por trás do declínio de oitocentos para quinhentos e depois trezentos e depois cento e vinte e cinco frequentadores na igreja? Penso que provavelmente há razões *muito palpáveis* de por que seu ministério tem tido dificuldades, e aposto que elas têm muito pouco a ver com a nova barreira que apareceu."

Muito raramente tenho ouvido a resposta: "Que grande ideia, Bill! Vou reunir alguns de nossos membros e ter algumas conversas honestas". Longe disso. O que normalmente ouço é: "Obrigado, mas iremos orar por isso. Eu sei qual é o problema — é esse demônio da opressão que mencionei. E essa barreira...".

Muito frustrante.

Cheguei à conclusão de que alguns pastores cujas igrejas estão morrendo não querem saber os fatos objetivos da sua situação porque estão com muito medo que a informação nua e crua seja mais do que seu coração possa aguentar. Imagine se os "fatos" revelassem que *eles* são parte do problema, que a *sua* pregação ou falta de liderança estão contribuindo para aquele estado sólido de declínio. Sem levá-los em consideração, para muitos líderes contaminados pelo medo, os fatos não são seus amigos. Eles preferem assistir à sua igreja fechar as portas para sempre do que encarar os problemas reais e assumir a responsabilidade por consertar o que está quebrado.

Alguns pastores cujas igrejas estão morrendo não querem saber os fatos objetivos da sua situação porque estão com muito medo que a informação nua e crua seja mais do que seu coração possa aguentar.

Muitos anos atrás, um pastor me pediu para dar um dia de consultoria para sua equipe. Ele esperava que eu viesse e os encorajasse um pouco, para que seu futuro fosse mais promissor que o presente.

Eu disse à equipe que dividiria o dia em duas partes: pela manhã, avaliaríamos quatro áreas-chave que podem ajudar a definir o sucesso de muitos líderes locais — evangelismo, discipulado, ministério entre estudantes e iniciativas de compaixão — e então passaríamos a tarde pensando juntos em meios de aumentar a eficiência de cada uma dessas áreas.

"Gostaria que vocês se dividissem em pequenos grupos", eu expliquei, "e pensassem em que nota dariam à eficiência de sua igreja em cada uma dessas áreas. Em uma escala de um a dez — um sendo muito ruim e dez sendo realmente bom — avaliem como vocês têm alcançado pessoas que estão longe de Deus, como ajudam os novos crentes a crescer em Cristo, como inspiram a próxima geração com relação à fé e como ajudam a resolver os problemas de um mundo quebrado. Tragam um número por grupo e exponham seus números neste quadro. Fechado?"

Os membros da equipe foram direto ao trabalho. As opiniões pipocavam entre os membros de cada mesa e, com o passar do tempo, a energia de todos para o exercício crescia. Eles pareciam genuinamente honrados por terem sido consultados em relação a como a igreja estava se saindo e como poderia melhorar.

Quando todos os grupos expuseram seus números, passei o resultado a toda a equipe. O evangelismo recebeu notas quatro e cinco. O discipulado, seis e sete. O ministério entre estudantes, notas baixas, todas três. E a compaixão teve o pior desempenho. Fiz algumas observações e lembrei a todos que, após o almoço, nos debruçaríamos sobre as soluções. "Reservei a parte divertida para a tarde", eu disse. "Vamos pensar juntos em maneiras inovadoras e inspirativas de elevar *todas as notas* em no mínimo dois pontos nos próximos seis meses. Somente ideias positivas serão aceitas, assim voltem com suas luvas de trabalho. Vamos escolher os melhores pensamentos, orar pelo nosso trabalho e então partir para a luta."

Eu dispensei o grupo sob fortes aplausos. Eles estavam comprometidos e entusiasmados com o processo, como os grupos na Willow, que passavam pelo mesmo exercício quatro vezes ao ano por muitos, muitos anos. No silêncio do meu coração, agradeci a Deus por permitir que a reunião transcorresse tão bem.

fatos

Ao menos foi o que eu pensei.

O pastor, que estivera sentado silenciosamente durante toda a manhã, perguntou-me se poderíamos dar uma volta. Já do lado de fora do edifício, ele lançou uma bomba de seis palavras sobre mim: "Você pode ir para casa agora", ele disse.

Eu parei de caminhar e olhei nos seus olhos. "Dá pra repetir?"

"Você pode ir pra casa agora, Bill. Eu nunca fui tão humilhado em toda a minha vida como nesta manhã. Você pode imaginar como me senti sentado no fundo da sala e assistindo toda a minha equipe criticar o nosso ministério?"

Eu fiquei arrasado. "Mas as avaliações são *honestas*..."

Ele retrucou, dizendo que, até aquelas avaliações serem feitas, sua equipe estava perfeitamente feliz. "Agora eles acham que temos problemas", ele disse. "E agora eu irei circular com uma etiqueta em minha testa! Eles irão *me* culpar por tudo isso!"

Tentei explicar que a *equipe* queria assumir a responsabilidade por resolver os problemas que eles haviam levantado, que estavam *contentes* porque os problemas haviam sido identificados para que pudessem encontrar soluções para eles, e que o único papel que ele tinha a desempenhar era o de um tipo de regente de coro para todos os novos planos. Mas ele não estava exatamente a fim de ouvir meus esclarecimentos. Ou a minha analogia sobre o regente de coro.

Ele já decidira e, caso eu não tivesse entendido as primeiras duas vezes, ele olhou para mim e disse: "Você pode ir para casa agora".

Regressei daquela manhã de consultoria pensando sobre como, para esse pastor particular, fatos definitivamente não eram amigos. Ele teria preferido que tudo permanecesse piegas e mal definido para que, ao fim do dia, ninguém soubesse a verdade.

Talvez você possa relacionar isso à dinâmica. Talvez os fatos não tenham sido seus amigos porque você tivesse medo do que eles revelariam. Posso lhe dar um belo conselho? Comece a preparar-se para os fatos. Por fim, você perceberá que, quando tiver dados claros e objetivos, poderá planejar melhor, tomar decisões melhores e estabelecer um curso mais confiável para a sua igreja. Em vez de acovardar-se por medo, você se verá confiante, sondando a congregação, a equipe, a direção e os voluntários em busca dos fatos — fatos que finalmente sejam seus amigos.

LINKS

7 Um proprietário ou um assalariado — p. 44

46 Preocupe-se com as coisas pequenas — p. 167

53 Toda crítica tem um fundo de verdade — p. 191

59 Vamos investigar — p. 207

53 TODA CRÍTICA TEM UM FUNDO DE VERDADE

Pessoas emocionalmente saudáveis não apreciam os ataques de um crítico. Mas devo dizer que palavras ardilosas me machucaram muito mais em meus primeiros dias como líder do que me machucam hoje. Em algum ponto ao longo do caminho, admiti o argumento de que, quanto mais influência você tem, mais exposto fica. E, em alguns pontos ao longo do caminho, recebi conselhos realmente bons.

Um homem muito sábio certa vez me disse que, escondido dentro de todo ataque de um crítico, normalmente se encontra, no mínimo, um vestígio de verdade. E, em vez de instintivamente responder à crítica, ele me aconselhou a gastar minhas energias tentando descobrir onde essa verdade está. "Se você puder identificá-la", ele disse, "provavelmente crescerá com ela em vez de assumir uma postura defensiva. Insista em aprender partindo dessas sementes de verdade e talvez chegue o dia quando se verá tendo de absorver menos críticas. Você terá aprendido a caminhar mais retamente, discernir melhor, agir mais sabiamente e assim atrairá menos críticas."

Um homem muito sábio certa vez me disse que, escondido dentro de todo ataque de um crítico, normalmente se encontra, no mínimo, um vestígio de verdade. E, em vez de instintivamente responder à crítica, ele me aconselhou a gastar minhas energias tentando descobrir onde essa verdade está.

Nunca me esqueci dessa orientação. Encontrar o fundo de verdade da crítica é uma disciplina dura de aprender, mas que *pode* ser aprendida. Você pode ler críticas sobre você ou sobre a sua organização no jornal local pela manhã e resistir à tentação de ligar para o editor. Você pode aprender a conter as emoções o tempo suficiente para perguntar a si mesmo: "Onde está o fundo de verdade aqui?".

Quando a imprensa noticia algo negativo sobre a Willow ou sobre mim, geralmente reúno meus líderes-chave em meu escritório, distribuo cópias do texto e peço a ajuda deles. "Isso obviamente se reflete mal no nosso ministério, mas talvez haja algo que possamos aprender", eu digo. "Provavelmente todos nós concordemos que não merecemos o que está escrito aqui, mas há alguma parte disso que merecemos? Onde está o fundo de verdade?" As conversas que se seguem nem sempre são livres de dor, mas sempre se mostram úteis para o nosso crescimento continuado e coletivo.

LINKS

3 Você sempre está em determinada fase — p. 32

57 Aprendemos alguma coisa? — p. 202

67 Sempre pegue a estrada principal — p. 233

todo

54 TODO SOLDADO MERECE COMANDO COMPETENTE

Tom Clancy é mais conhecido por seus romances militares dramáticos, mas muitos anos atrás ele escreveu uma narrativa histórica sobre a arte da guerra. *Into the Storm: A Study in Command* [Na tempestade: um estudo sobre comando] é um perfil do General Fred Franks, um homem que por fora parece qualquer coisa, menos um herói de guerra — de estatura baixa, gestos brandos, magro.[5] Por dentro, no entanto, General Franks é o exemplo da competência e da confiança.

Você lê esse livro e descobre ao longo do caminho que a sua mente e o seu coração estão sendo estendidos à plena capacidade enquanto você aprende sobre a natureza da vida e da morte dessa coisa chamada liderança.

Você acompanha Franks no início da sua carreira liderando suas tropas em tiroteios nas selvas do Vietnã.

Você sofre com ele, quando pisa em uma mina terrestre que explode seu pé e o deixa confinado em um hospital de veteranos para um processo interminável de recuperação.

Você espera com ele, quando pede ao exército americano que permita que sirva como um dos poucos comandantes amputados na história militar norte-americana.

Você planeja com ele, ao reunir toda a operação por terra da guerra do Golfo em 1991, envolvendo centenas de milhares de soldados e dezenas de milhares de tanques e outros veículos de suprimento.

[5] Clancy, Tom. **Into the Storm:** A Study in Command. New York: Putnam, 1997.

Você ora com ele durante toda a longa e incansável noite antes da invasão.

Você agoniza com ele, ao visitar as linhas de frente e ver alguns corpos de soldados americanos sendo recolhidos em sacos e outros sendo carregados em macas repletas de sangue.

Você celebra com ele, quando parabeniza todos os soldados que pode enquanto a Tempestade no Deserto entra para a história como uma das maiores vitórias militares de nossa nação.

Embora eu tenha repulsa à violência, estudei a filosofia de guerra de Franks e fiquei impressionado com um aspecto em particular: no calor da batalha, o *líder* deve estar no centro da ação. É o líder quem deve sentir a pressão primeiro, ouvir os sons primeiro, cheirar os odores primeiro e sentir o momento apropriado das coisas antes que qualquer outro. *Todo soldado merece um comando competente assim*. Essa foi a frase que ficou rondando meus pensamentos enquanto lia. *Todo soldado merece comando competente*.

Escritórios de oficiais com ar condicionado não são o lugar para um líder cujas tropas estão em combate. "Você tem de entrar na batalha", diria o general Franks. "Os comandantes devem estar visíveis. Precisam estar presentes a fim de despertar a determinação dos soldados. Devem fornecer um suprimento inesgotável de coragem do qual os soldados se alimentem quando seu próprio suprimento começar a fenecer."

Há vinte e sete anos, o guru da liderança Peter Drucker me ensinou que um líder tem de estar certo de que todos na organização estão sendo supervisionados por alguém que seja visível, esteja presente e seja corajoso — alguém que esteja de maneira inequívoca *na luta*.

"Em qualquer departamento com bom desempenho", Drucker diria, "são normalmente 40% dos trabalhadores os responsáveis por esse resultado." E eu descobri por conta própria que, se esses 40% não forem bem conduzidos, um estado de desamparo se estabelece e se torna um comentário sobre a qualidade da liderança na organização inteira. Os que têm alto desempenho naquele departamento abandonarão o navio, e você chegará à sóbria conclusão de que deveria ter interrompido a queda livre dos líderes fracos meses ou anos antes. Não cometa nenhum erro nesse assunto: o custo por *não* prestar atenção ao problema do comando competente é exponencialmente maior do que qualquer outro custo por prestar.

Normalmente não me apoio em metáforas militares, mas, ao ler a narrativa de Clancy, percebi que os paralelos com a liderança ministerial são inegáveis. Não consegui deixar de ler o livro. Nem de refrear as batidas intensas do meu coração. Sublinhei frases, dobrei extremidades de páginas e tomei notas em meu diário, tudo por causa da minha séria preocupação com os líderes que estão engajados em um conflito de risco mais elevado que o de combates militares.

Em 1Pedro 5.8, Pedro escreve: "O Maligno é um predador, buscando aqueles que possa devorar" (paráfrase minha). E o próprio Jesus lembra seus discípulos para que não se preocupem com os que podem somente matar ou mutilar o corpo humano: "mas preocupem-se *mesmo*", ele dizia essencialmente, "com o inimigo que coloca em perigo as almas de homens e de mulheres na eternidade."[6]

Eu li página após página do livro de Clancy e pensei comigo mesmo: "Está mais que na hora de os líderes da igreja local terem muito clara a intensidade da batalha na qual estão e o que será necessário para vencê-la". Estamos engajados em uma batalha espiritual selvagem pelo coração, pela mente e pela alma dos seres humanos. Por mais trágico que possa ser o cenário de corpos de soldados sendo colocados em sacos pretos, os riscos de nossa batalha são infinitamente maiores. Nossa eficiência ou falta dela selam a eternidade de homens e de mulheres: para nós, não se trata apenas de um acordo de vida ou morte. Em nossas batalhas de liderança, os riscos

6 Veja Mateus 10.28.

Estamos na batalha mais arriscada da existência, no campo de batalha mais amplo que jamais imaginamos. Os que lideramos na fé merecem nossos esforços mais competentes e confiantes.

são vida *eterna* ou morte *eterna*, uma realidade que sempre esteve presente na guerra do Reino. Jesus sabia disso, as Escrituras pregavam isso, e nós devemos crer nisso.

Deus é o doador do dom da liderança e espera que estejamos concentrados na luta até a hora em que ele mude nossas ordens ou nos leve para casa. Estamos na batalha mais arriscada da existência, no campo de batalha mais amplo que jamais imaginamos. Os que lideramos na fé merecem nossos esforços mais competentes e confiantes. E a instrução de Cristo para alcançar o resto os exige.

LINKS

7 Um proprietário ou um assalariado — p. 44

65 Lidere com todo o interesse — p. 228

inter

55 Intervalos cerebrais

Jack Groppel, técnico de renome mundial especializado em desempenho, diz que é totalmente improdutivo pensar em nosso dia de trabalho em termos de uma maratona de oito ou dez horas na qual você apenas se mantém correndo numa velocidade constante. "Ele está totalmente relacionado à *oscilação*",[7] diz Jack, alavancando repentes de energia e então dando a você uma pausa quando necessário. Penso que ele está certo.

Sempre que estou em reuniões com alta intensidade de planejamento e de solução de problemas, noto que há dimensão de tempo quando podemos permanecer concentrados, seguida de um espaço de tempo quando de repente nosso cérebro parece transformar-se em um creme de ovos. Todos na sala parecem sentar com os olhos vidrados, declarando silenciosamente que sua capacidade de concentração está oficialmente esgotada. Isso ocorre tipicamente entre os sessenta e noventa minutos: nosso progresso rápido e frutífero é interrompido e as ideias fluem mais lentas.

Quando convoco um "intervalo cerebral", todos sabem o que vem a seguir: uma pausa de quinze minutos. Quinze minutos para se esticar fisicamente, respirar ar puro e deixar que as turbinas mentais esfriem.

Criei um termo para orientar minha equipe com relação à dinâmica que estávamos experimentando, bem como sinalizar a necessidade de injetar um pouco de vida à situação. Quando convoco um "intervalo

[7] Groppel, Jack. **The Corporate Athlete**. Hoboken, N.J.: John Wiley & Sons, 1997. p. 27-28.

cerebral", todos sabem o que vem a seguir: uma pausa de quinze minutos. Quinze minutos para se esticar fisicamente, respirar ar puro e deixar que as turbinas mentais esfriem.

Para mim, um intervalo cerebral normalmente envolve levantar-me da cadeira, comer uma barra de chocolate e andar. Não importa para onde eu vá. O importante é que mudo a postura, troco de sala e respiro um pouco de ar puro. Depois de apenas dez ou quinze minutos, meu sangue está circulando, minha energia retornou e meu cérebro está pronto para rodar. Geralmente a pausa me dá novas ideias, e pareço ganhar outros setenta e cinco ou noventa minutos de tempo de trabalho produtivo comparados ao que eu teria produzido se tivesse apenas me entrincheirado e gerado produtividade o mais roboticamente possível.

Sua mente trabalha de acordo com os ritmos de concentração que estão além do seu controle. É sua responsabilidade saber por quanto tempo suas rajadas de poder cerebral irão permanecer e como recuperar-se quando estiver ao fim de um desses ciclos. Invista o tempo das suas viagens para ler o livro de Jack sobre a base da fisiologia e do gerenciamento energético, meu amigo. E dê à paralisia cerebral um adeus com bastante atraso.

LINKS

56 Velocidade *versus* alma — p. 199

73 A excelência honra a Deus e inspira as pessoas — p. 249

56 # VELOCIDADE *VERSUS* ALMA

Quando líderes lideram com eficiência, tendem a gerar uma aceleração cada vez maior na velocidade da sua própria vida e das organizações que servem. Eles normalmente acabam acrescentando mais pessoas à equipe, arrecadando mais dinheiro, cuidando de mais pessoas e apoiando mais causas. Com o tempo, sua "linha de velocidade" continua subindo.

No trabalho da igreja, no entanto, há mais que isso em se tratando de eficiência na liderança, porque na proporção direta do crescimento organizacional espera-se também dos "bons" pastores que façam *crescer sua alma* (estou usando o termo *alma* para significar nosso relacionamento com Deus e com aqueles mais próximos de nós). Trata-se de um verdadeiro desafio para um cara como eu, que prefere um ritmo sempre acelerado.

A partir de certa velocidade, a alma simplesmente se dissipará.

Em algum ponto ao longo do caminho, percebi que, embora minha linha de velocidade se contentasse em correr rápida e intensamente ano após ano, a linha da minha alma não conseguia acompanhar. A partir de certa velocidade, a maioria dos líderes sedentos pelo acelerador esgotará os recursos para liderar bem. A partir de certa velocidade, a alma simplesmente se dissipará.

Terminei de falar em uma conferência na Alemanha certa vez, e meu tradutor ofereceu-se para dar-me uma carona até o aeroporto. Na primeira parte do trajeto, falamos calmamente sobre os momentos mais tocantes da conferência. Nossa conversa combinava com o caminho relaxado e tranquilo do bairro residencial por onde passávamos. Mas então entramos na estrada.

Comecei a notar que, quanto mais rápido meu amigo guiava, menos frequentemente conversávamos. Quando chegamos a 250 quilômetros por hora, nosso diálogo acabou de vez. Em vez de continuarmos a interação natural que estávamos desfrutando, vimo-nos concentrados somente em nos esquivar de outros carros e evitar uma colisão.

Penso que há uma importante lição para nós aqui: os líderes têm de ajustar sua velocidade, ou passarão os anos de maior potencial de transformação da sua vida andando rápido, mas sentindo-se vazios por dentro.

Nesses dias, quando sinto que as linhas da velocidade e da minha alma estão fora de sintonia, faço uma simples pergunta de autorreflexão: nas muitas áreas da minha vida, estou "ganhando a alma" ou perdendo a alma?

Em meu relacionamento com Deus, a linha da minha alma está subindo ou descendo? Sinto-me mais consciente da presença de Deus, mais confiante da sua obra em e por meio da minha vida, mais inclinado a exibir o fruto do Espírito e mais determinado que nunca a ajudar no crescimento do seu Reino? Como está isso entre mim e Deus?

Em meus relacionamentos com a família e os amigos mais próximos, a linha da minha alma está subindo ou descendo? Especialmente em se tratando da minha esposa, filhos e neto, sinto uma concentração crescente na vida e no desenvolvimento pessoal deles ou estou envolvido demais com o trabalho para me importar?

Há épocas em minha vida quando a linha da minha alma despenca. Não tenho orgulho dessas ocasiões e nunca quero se repitam.

Houve outras vezes quando detive a queda livre e me comprometi novamente com o crescimento espiritual. É em meio a essas épocas que sei que a minha alma está ganhando altitude novamente.

Se a linha da sua alma está sofrendo, talvez seja hora de humilhar-se e diminuir seu ritmo. Altere a sua lista de atribuições, sua agenda de reuniões e suas práticas espirituais, se isso significar recuperar a essência de alma de que você necessita. "Não ganhe o mundo inteiro", Jesus certa vez disse, "e perca a sua alma."[8] Trata-se de uma advertência que vale a pena ser ouvida.

LINKS

47 Difícil, mas realizável *versus* difícil e destrutivo — p. 171

65 Lidere com todo o interesse — p. 228

76 Termine bem — p. 259

[8] Veja Mateus 16.26.

57 Aprendemos alguma coisa?

O que um líder faz quando uma iniciativa que ele está liderando fracassa? Há muitas opções: autoflagelar-se, censurar outros, culpar fatores externos, entre outras que você sem dúvida poderia acrescentar à lista.

Ultimamente, tenho preferido uma simples pergunta: "Aprendemos alguma coisa com isso?".

Um membro da equipe entra no escritório do líder depois de ter fracassado ao não cumprir uma incumbência que havia recebido. Automaticamente, o líder anseia que o liderado entenda a quantidade de credibilidade perdida com esse fracasso, sem falar nos recursos do Reino que foram desperdiçados. "Uma coisa é certa," o pensamento continua, "deve haver consequências!"

"Aprendemos alguma coisa?" é a melhor resposta que conheço a um fracasso.

"Aprendemos alguma coisa?", o líder imediatamente pergunta.

A dinâmica emocional da troca é totalmente diferente. E a possibilidade de diálogo honesto se abre; diálogo que pode verdadeiramente levar a momentos de orientação e de crescimento futuro.

"Aprendemos alguma coisa?" é a melhor resposta que conheço a um fracasso.

LINKS
15 Os perigos do gradualismo — p. 71
53 Toda crítica tem um fundo de verdade — p. 191

58 Crie suas próprias linhas de chegada

Líderes de ministério trabalham com pessoas. E porque pessoas são obras em progresso contínuo, a quantidade de trabalho que poderíamos fazer para servi-las não tem fim. Sempre há mais compromissos que poderiam ser assumidos, mais ligações posteriores ao contato inicial que poderiam ser feitas, mais notas escritas à mão que poderiam ser elaboradas, mais encorajamento que poderia ser oferecido e mais orações que poderiam ser feitas. Nisto está o desafio e a pergunta: Quando o suficiente é o bastante?

Sempre há mais compromissos que poderiam ser assumidos, mais ligações posteriores ao contato inicial que poderiam ser feitas, mais notas escritas à mão que poderiam ser elaboradas, mais encorajamento que poderia ser oferecido e mais orações que poderiam ser feitas. Nisto está o desafio e a pergunta: Quando o suficiente é o bastante?

Eu gasto muito tempo com líderes fantásticos de igreja locais de quase todos os países do mundo e às vezes apenas para despertar o interesse na sala pergunto quantos deles sabem precisamente quando termina o seu dia de trabalho ou quando seu trabalho está "oficialmente" encerrado. Quase sempre eles olham para mim com incredulidade e me lembram que o trabalho da igreja nunca termina e que o trabalho de um líder ministerial nunca está concluído. Eu aceno a cabeça em concordância antes de lembrá-los de que a sustentabilidade demanda uma abordagem diferente.

A maioria dos estudos sobre eficiência no longo prazo mostra que, se você trabalhar mais que dez horas por dia, começará a viver em uma dinâmica de regressão, e sua eficiência e seus resultados na verdade irão diminuir. Eu acredito nesses estudos.

Eu levanto cedo. Portanto, para mim, um dia típico de trabalho vai das seis da manhã até as quatro da tarde. Às quatro, minhas reuniões cessam, meu computador é desligado e minha assistente ouve um adeus entusiasmado. É a linha de chegada do meu dia, e eu a protejo com unhas e dentes. Também faço um ritual para celebrá-la por completo: uma corrida de cinco quilômetros com meu vizinho, seguida de um banho, roupas leves e um agradecimento sincero a Deus por aceitar meus melhores esforços durante todo o dia.

Ter uma linha de chegada diária significa que quando chego em casa o trabalho fica no trabalho. Significa que a preparação do sermão fica para o dia seguinte em vez de me perseguir até a porta da frente de nossa casa. Significa que, uma vez que relaxo e assumo o papel de não líder, minha esposa e filhos não são convocados a disputar meu tempo com meus cuidados e preocupações ministeriais.

Desde que comecei a falar sobre esta filosofia da linha de chegada, tenho ouvido relatos de pessoas no mundo inteiro que estão começando a adotá-la. Um que me impressionou foi a história de uma pastora na Nova Zelândia que sofria de períodos constantes de ansiedade. Ela trabalhava muito duro e era conhecida por promover grandes progressos no Reino, mas seu ritmo estava lentamente minando suas forças. Após assistir a minha sessão de orientação, ela decidiu estabelecer uma linha de chegada diária. A linha foi desenhada às cinco da tarde e o ritual consistia em encontrar uma amiga — uma líder experiente que ocupava um posto corporativo — em uma cafeteria próxima.

As duas mulheres se encontravam por trinta minutos para recapitular o dia e celebrar qualquer progresso que tivessem feito. Após aderir a esse padrão por alguns meses, a pastora observou melhoras sensíveis. Ela me disse que, toda vez que chegava à garagem de casa depois do café-ritual todos os dias, se sentia uma pessoa totalmente diferente. "Sou uma esposa melhor para o meu marido, uma mãe melhor para os meus filhos e uma líder melhor para a minha equipe, agora que permiti a mim mesma tornar-me ser humano de novo."

Crie suas próprias linhas de chegada — diárias e também semanais. As páginas da Escritura encorajam todos os crentes a separar um tempo de "descanso" ao fim da semana — uma prática que é de algum modo enlouquecedora para pessoas envolvidas no ministério. Você se dedica a manter o ritmo por cinco dias, apenas para chegar ao final de semana e perceber que esperam que trabalhe duro em todos os cultos. O ministério se torna uma hora extra ininterrupta e os ressentimentos se manifestam. Sei disso porque caí no padrão sete dias por semana por quinze anos e consequentemente cheguei a um estado de exaustão do qual levei anos para me recuperar. Uma das minhas descobertas durante aquele tempo foi que eu não estava imune à necessidade do sábado. Eu precisava de uma linha de chegada semanal. Penso que você também tem de ter.

Nestes dias, depois de cumprimentar a última pessoa da fila do último culto de domingo na Willow, considero que cruzei minha linha de chegada semanal. Saio em direção à porta e faço o rápido trajeto de Chicago a South Haven, pego a entrada para carros com chão de cascalho da nossa casa no Lago Michigan, expiro e agradeço a Deus por uma semana inteira de seu poder e graça sustentadores. Quando chego ao estacionamento, deixo a semana para trás e sinto-me livre para ser uma pessoa que não trabalha, não lidera e tem permissão plena para engajar-se em uma vida sem a Willow pelo resto do domingo e durante toda a segunda-feira.

A prática tem sido um protetor de ministério para mim de uma maneira que eu provavelmente jamais venha a entender.

Em termos de uma linha de chegada mensal, tento ficar sozinho com Deus e saborear um pouco de solitude, ao menos uma vez a cada trinta dias.

O tempo me permite oportunidades únicas de ler com intensidade, refletir premeditadamente e um pouco de autoavaliação. Eu também separo uma parte do tempo quando posso estar com pessoas que podem me edificar e desafiar a liderar em níveis mais elevados. Às vezes é uma conferência sobre desenvolvimento de liderança. Em outras ocasiões, uma mesa-redonda estimulante com alguns líderes do mercado secular. Para um líder ministerial que está constantemente no estilo "produtividade", linhas de chegada voltadas à "recepção" como estas todo mês são fantásticas.

Também acredito firmemente nas linhas de chegada anuais. Uma das melhores decisões que já tomei foi ligar o ritual simbólico do culto de batismo no verão da Willow à minha linha de chegada anual. Não há nada melhor que coroar mais um ano de ministério com o batismo de centenas de pessoas recém-redimidas e então entrar no meu carro e colocar música de adoração enquanto dirijo rumo às férias de verão. A prática me ajuda a sentir o prazer de Deus de uma maneira que não consigo colocar em palavras.

Linhas de chegada permitem-nos aqueles momentos de integridade emocional, que nos ajudam a ouvir Deus dizer: "O suficiente é o bastante". Eles nos lembram que somos mais que máquinas de liderança. Se você nunca criou suas linhas de chegada — e estabeleceu os rituais necessários para acompanhá-las —, faça isso agora. Diariamente, semanalmente, mensalmente, anualmente; você jamais se arrependerá.

LINKS

47 Difícil, mas realizável *versus* difícil e destrutivo — p. 171

56 Velocidade *versus* alma — p. 199

vamo

59 Vamos investigar

Mesmo líderes de nível internacional que estão liderando no topo de grandes corporações têm um desejo incurável de melhorar. Grandes mestres querem ensinar ainda melhor, grandes visionários querem compartilhar melhor suas visões, grandes formadores de equipes querem formar equipes ainda melhores. Querem fazer *tudo* melhor porque sabem que, quando a *melhora contínua* deixa de ser um valor central, a excelência diminui de intensidade, a comunicação se complica, a visão se confunde. Pequenos erros se acumulam e por fim dominam o dia.

Toda vez que vejo um líder ministerial perder sua determinação de desenvolver-se, penso: "Sua negligência irá mordê-lo. Você acha que não, mas ela irá. Você acha que pode se arrastar rumo ao aprimoramento, mas não consegue. É preciso trabalhar duro para melhorar!". E uma maneira de forçar a melhora contínua é praticar a disciplina da investigação.

Investigações não dizem respeito a juízo, condenação e destruição de algo; dizem respeito a assumir a responsabilidade pelo bem, pelo mal e pelo feio.

"Investigar" algo significa simplesmente avaliá-lo de cima a baixo. Envolve analisar honestamente uma atividade ou iniciativa recente e determinar o que funcionou bem, o que não funcionou e por quê. Investigações não dizem respeito a juízo, condenação e destruição de algo; dizem respeito a assumir a responsabilidade pelo bem, pelo mal e pelo feio. Dizem respeito a aprender com toda ação de liderança, na esperança de melhorar no longo prazo.

A conferência mais importante que fazemos na WCA todos os anos é o Leadership Summit. Dezenas de milhares de líderes de ministério e do mundo dos negócios se reúnem em centenas de locais em todo o mundo para tentar melhorar como líderes. Depois de um evento assim tão importante, creio que seja absolutamente crítico reunir líderes com alto grau de discernimento e conversar sobre o que funcionou bem e o que não. Assim, já por muitos anos, dez dias após o Summit, reunimos vários pastores para uma investigação de um dia e meio. E perguntamos: "A sessão foi útil? Por que sim e por que não? Comunicamos habilidades de treinamento suficientes? Inspiração suficiente? A referência do nosso desafio foi suficientemente alta?"

Há alguns meses, fizemos uma dessas investigações pós-Summit em um hotel no centro de Chicago e foi um sucesso absoluto. Parecia uma reunião de ex-alunos. O nível de decibéis durante o jantar na primeira noite foi tão alto que no fim da noite eu só conseguia ouvir o que era gritado diretamente em meu ouvido a três dedos de distância. No dia seguinte, a energia na sala só aumentava enquanto escolhíamos as melhores e mais brilhantes ideias do grupo inteiro e sonhávamos com o que a conferência seguinte nos traria.

Mais uma vez fiquei impressionado com as avaliações ricas e úteis que recebi. Mais uma vez fui tocado pelos espíritos graciosos e generosos desses líderes ocupados e sobrecarregados que pararam o que estavam fazendo, tomaram tempo das suas congregações e pegaram um avião rumo a O'Hare exclusivamente para nos ajudar a melhorar.

Eu refleti sobre isso mais tarde e cheguei à conclusão de que a maioria das pessoas fica mais que feliz por ajudar a melhorar algo. Mas isso não acontecerá, a menos que elas sejam convidadas a fazê-lo. Líderes devem convidar pessoas a diminuir o ritmo, fazer o trabalho duro da avaliação honesta e empregar seus melhores pensamentos e ideias em prol do aprimoramento, se suas organizações quiserem melhorar continuamente.

É verdade que as investigações pós-Summit exigem um investimento significativo da parte de todos, mas contra fatos não há argumentos.

O Summit tem melhorado a cada ano como resultado do compromisso de investigar.

Reúna as tropas após a sua próxima iniciativa — uma conferência, um culto de ceia, um evento evangelístico, um retiro de liderança, uma reunião semanal da equipe, o que for — e faça com que se envolvam em sua investigação. Aposto que você se beneficiará com o que aprender.

LINKS
42 Tivemos o privilégio de fazer isto juntos! — p. 151
57 Aprendemos alguma coisa? — p. 202

60 PAGUE AGORA, BRINQUE DEPOIS

Os bons líderes sabem que, para ter sucesso em qualquer esforço que empreenderem, devem se disciplinar para fazer as tarefas mais importantes primeiro. Na construção, você tem de cavar o buraco e lançar a base antes que o aço suba na direção do céu e as janelas sejam instaladas.

Você tem de pagar antes de brincar.

Quando chego ao meu escritório todos os dias, vejo inúmeras maneiras pelas quais posso brincar. Há pessoas que adorariam brincar comigo pelo *e-mail* ou ao telefone ou tomando um café gostoso e tendo uma conversa descompromissada. Mesmo a esta altura da minha vida e liderança, a tentação de brincar é tão grande que tenho de começar minha rotina de conversa comigo mesmo a caminho da igreja: "Bill, quando você passar por aquela porta e sentar-se no seu escritório, estas são as coisas que você precisa fazer de qualquer jeito. Você se sentirá muito melhor no fim do dia se cumprir estas tarefas fundamentais e tirá-las da sua frente. Você não pode brincar primeiro, Bill. Você primeiro tem de pagar".

Os bons líderes sabem que, para ter sucesso em qualquer esforço que empreenderem, devem se disciplinar para fazer as tarefas mais importantes primeiro.

E depois de um dia inteiro de "pagamento", acho que a "brincadeira" que se segue é muito mais doce. Tente! Prometo que você vai gostar.

LINKS
29 Velocidade do líder, velocidade da equipe — p. 117
58 Crie suas próprias linhas de chegada — p. 203

61 # Ainda estamos nos divertindo?

Romanos 8.6 diz que a mentalidade da carne é morte, mas a mentalidade do Espírito é vida e paz. *Vida e paz* — é o tipo de vitalidade, energia e entusiasmo que você sente brotar em sua alma e borbulhar de modo que as pessoas podem detectar facilmente. É inegável quando você está atuando partindo de um lugar de vida e paz. Calma, segurança e um sentimento de "adequação" caracterizam sua atmosfera como um todo.

Em termos de liderança, carregamos a responsabilidade de liderar de tal maneira que os que lideramos estejam tão livres quanto possível para fazerem seu trabalho partindo de um lugar de vida e paz. Eles estão apropriadamente encaixados em termos de posição? Estão carregando as cargas certas? Suas expectativas organizacionais estão extremamente claras? A maneira abreviada como me mantenho informado disso é perguntando à minha equipe e a meus colegas: "Ainda estamos nos divertindo?".

> *Em termos de liderança, carregamos a responsabilidade de liderar de tal maneira que os que lideramos estejam o mais livres possível para fazerem seu trabalho partindo de um lugar de vida e paz.*

Ainda estamos nos divertindo? Não estou perguntando se as coisas estão fáceis ou se grandes desafios ocorrem. Estou perguntando se ainda há algo fundamentalmente prazeroso no papel que eles estão desempenhando e no trabalho que estão fazendo. Eu creio piamente que, se você estiver fazendo exatamente aquilo que Deus está lhe pedindo que faça e na organização certa e no lugar certo dentro dessa organização, tem de haver

estamos

uma satisfação que acompanhe toda a atividade. Assim, quando faço a pergunta e ganho um sorriso instantâneo como retorno, sei que estamos no caminho certo. Quando ouço: "Bill, eu amo o que faço", respiro aliviado.

Mas, quando faço a pergunta e tenho o silêncio como retorno, já sei a resposta. Se um de meus colegas não consegue responder rápida e decisivamente se ainda estamos nos divertindo, luzes vermelhas começam a piscar em minha mente e quero deter com gentileza o que está comprometendo seu nível de contentamento.

Ouço que alguns líderes não se importam muito com o fator "vida e paz" de seus companheiros. Eu não sou um deles. O sentido de satisfação no trabalho e vitalidade pessoal de alguém significa quase tanto para mim quanto o produto da atividade que ele é pago para realizar. Se alguém estiver estabelecendo recordes de desempenho, mas não estiver se divertindo, temos um problema de sustentabilidade em nossas mãos. (Se ele não estiver atingindo os objetivos, mas estiver se divertindo bastante, isso também é um problema, mas ao menos estará acrescentando ao moral da equipe!)

Quando estamos concentrados na missão correta e temos as pessoas certas desempenhando papéis que são coerentes com seus dons e seu chamado, espero ver um salto no passo das pessoas, um brilho em seus olhos, alegria em seu coração e energia a ser distribuída.

A liderança ministerial eficiente tem muito a ver com manter os ânimos e as pessoas em alta para que elas se sintam apreciadas por irem acima e além do que iriam em uma atividade comum. Creio firmemente que nunca alcançaremos os resultados que mais honrem a Deus a menos que estejamos todos nos divertindo ao longo do caminho.

LINKS

25 Sem surpresas de última hora, por favor — p. 106

29 Velocidade do líder, velocidade da equipe — p. 117

41 Passe as coisas a limpo rapidamente — p. 148

52 Fatos são seus amigos — p. 186

62 NUNCA BATA NAS OVELHAS

Decepções são frequentes na vida da liderança da igreja. Você inicia uma nova campanha de evangelismo pensando que certo número de pessoas irá participar, mas só metade aparece. Você faz um acordo com alguma entidade social na sua área, mas chega ao local combinado e descobre que só metade do número de voluntários que se comprometeu está lá. Você levanta uma oferta especial de final de ano, mas ela está bem longe do objetivo.

Por muitas vezes no trabalho da igreja nossas expectativas não são correspondidas, os alvos não são atingidos e os resultados não são os que pensamos que deveriam ser. E, quando isso acontece, uma reação quase automática surge no espírito do líder: *Eu devo bater nas ovelhas!*

"Essas ovelhas terríveis!", o líder pensa. "Se tivessem se comportado direito, se dedicado ao máximo no evento evangelístico, construído a casa e arrecadado os recursos... Mas, não, elas se recusaram a cooperar e agora veja onde estamos!"

Pense nos dias quando os pastores andavam com grandes cajados e atingiam suas ovelhas quando elas não faziam o que deveriam fazer. "Ovelhas más! Agora vocês vão aprender!"

Você tem vontade de juntar todo o rebanho descompromissado, de coração duro, e dizer com todas as palavras que ele deveria se endireitar e cumprir o programa! Você quer discipliná-lo tomando as medidas que forem necessárias, até que se conforme às suas ideias e intenções. Você vai dormir pensando na fonte óbvia de toda a dificuldade que enfrenta: você empacou junto com um rebanho de ovelhas preguiçosas.

Muitos anos atrás, nosso pastor de pequenos grupos entrou correndo em meu escritório, furioso com a falta de resposta ao retiro dos líderes de grupo que sua equipe estava organizando. Eles esperavam por centenas, mas somente uma pequena parte havia confirmado presença. Eu lhe perguntei como a realidade o fazia se sentir, embora já soubesse a resposta.

"Ela me faz querer esmurrar todos os líderes de pequeno grupo!", ele disse.

"Por que eles não estão comprometidos com o ministério?"

"Ah", eu disse, "então você quer bater em algumas ovelhas?"

"Sim! Mas elas merecem. Quero dizer, estamos fazendo esse retiro para *elas*!"

Pedi a ele que sentasse e me ajudasse a entender algumas coisas. "Quando você começou a divulgar esse evento?", perguntei.

"Bem, a informação saiu um pouco tarde..."

"Certo... E quanto você está cobrando por ele?"

"Bem", ele disse, "tivemos de aumentar o custo neste ano porque o hotel que queríamos não estava disponível, a propaganda atrasada e tudo mais..."

"Bem, suponho que ele esteja cem quilômetros mais distante que o do ano passado, mas, de novo, isso tudo porque aquele hotel recusou nossa proposta..."

"E quando é o retiro?"

O pastor de pequenos grupos explicou que, enquanto procuravam outras opções, o único final de semana que restou coincidia com o intervalo de primavera da comunidade, quando metade da igreja leva suas famílias para a Flórida. Eu recapitulei suas respostas e disse: "Sabe o que estou pensando? Baseado nos fatos que você me comunicou, as ovelhas é que deveriam bater em *você*! Esse retiro está tão mal organizado que estou chocado por saber que *alguém* se inscreveu nele".

Ele concordou comigo.

Durante todo o meu ministério, uma coisa quase sempre foi verdade: se comunico a missão correta no tempo certo do ano, da maneira apropriada e com a motivação justa por trás dela, as ovelhas não me desapontam. Quando me esforço em criar uma lista cujas primeiras perguntas sejam as mais apropriadas, minhas ovelhas efetivamente cooperam. Perguntas como: Esse é um plano bom? Está sintonizado com a visão da nossa igreja? Eu tenho trabalhado esse valor recentemente com ensino eficiente da Escritura? Minhas expectativas com relação às pessoas é razoável? Escolhi a noite certa da semana? Comuniquei com eficiência? Orei com paixão?

Durante todo o meu ministério, uma coisa quase sempre foi verdade: se comunico a missão correta no tempo certo do ano, da maneira apropriada e com a motivação justa por trás dela, as ovelhas não me desapontam.

Do mesmo modo, quando faço essa lista no calor de uma decepção ministerial, quase sempre descubro que a culpa não foi das ovelhas — ao menos não inteiramente. Percebo que minha ideia foi mal elaborada, mal organizada, mal promovida ou que não orei com zelo. E concluo que, em vez de reservar o cajado das ovelhas para o domingo de manhã, devo assumir a minha responsabilidade sobre a organização.

Se as suas ovelhas não estão respondendo do modo como você acha que deveriam, coloque seu cajado de lado e faça algumas perguntas primeiro. Observe se você serviu bem às suas ovelhas, porque, quando você as serve bem elas tendem a servir bem como resposta. Nunca bata nas ovelhas, meu amigo. Uma palavra de admoestação de vez em quando pode ser apropriada, mas aposente o cajado. Permanentemente.

LINKS

14 Valores necessitam de calor — p. 68
36 Ajude-me a entender — p. 135
39 Só para ser claro — p. 142

integridade

pessoal

Obi-

63 OBI-WAN KENOBI NÃO ESTÁ DISPONÍVEL

Uma das tendências mais marcantes hoje é a da demanda cada vez maior por mentoria — parece que todos a querem.

Por todo o meu ministério, fui milhares de vezes convidado a mentorear alguém. Em algumas ocasiões, o pedido veio de pessoas que viajaram de outro continente com o único propósito de esperar ao lado do meu carro no estacionamento da Willow a fim de ter a oportunidade de me pedir pessoalmente pela mentoria.

O que me mais preocupava com essa audácia era a expectativa por trás da pergunta: "Você estaria disposto a me escutar e aconselhar, moldar e desenvolver, dirigir e instruir, além de manter-se informado sobre a minha vida? Você me persuadiria, encorajaria e me adotaria como pai? Transmitiria sua fonte de conhecimento para que eu não tenha de buscá-la por mim mesmo? Por favor, ó Grande Candidato a Mentor, você se prestaria a ser meu confidente, mestre, professor, exortador, amigo e guia onisciente, todo suficiente, onipotente e onipresente deste dia em diante e até que a morte nos separe?".

Verdade seja dita, eles não me queriam na verdade. O que eles *realmente* queriam, ironicamente, era alguém que não existe — ao menos não deste lado da vida a que chamamos não ficção.

Eles queriam Obi-Wan Kenobi, a personagem de Guerra nas Estrelas que era o forte, constante, modesto, abnegado, comedido, paciente e sábio guerreiro mágico cuja valentia moldou o destino de toda uma galáxia.

"Eu pago o que for para que você queira me mentorear!", alguns ofereceriam. "Apenas diga o valor!"

Um problema básico: Obi-Wan Kenobi não está disponível.

Líderes sábios nunca aceitam planos de mentoreamento irreais. Eles identificam uma necessidade a quilômetros de distância e dizem para si mesmos: "Não há um ser humano sequer — especialmente eu, com todas as minhas faltas e limitações — que seja capaz de suprir as exigências dessa pessoa. Assim, farei um grande favor a ela e a mim: evitarei essa parceria".

Com os anos desenvolvi uma prática que tem me livrado muitas vezes de inadvertidamente cair na armadilha do tipo "Serei seu mentor". "Concordo que todos precisamos de mentores", eu digo, "estou honrado por você considerar a possibilidade de que eu seja o seu. Mas há *centenas* deles muito mais qualificados que eu, prontos para assisti-lo! Tudo o que é preciso é você pensar em mentoria de um modo um pouco diferente."

Eu passo a sondar quais aspectos da vida eles querem que sejam mentoreados. "Você precisa de ajuda como pai ou cônjuge? Precisa de assistência no gerenciamento das finanças, no trabalho em equipe ou no estabelecimento de alvos?"

Após encorajar candidatos a mentoreamento a identificarem suas necessidades mais prementes, tento ajudá-los a perceber que nenhum indivíduo será capaz de servir como especialista em todas elas. "Talvez seja preciso ter vários mentores diferentes para encontrar o que você está procurando", eu explico, "mas é possível, desde que você esteja disposto a pensar criativamente sobre como conseguir ajuda."

Por exemplo, é possível ser mentoreado por alguém que você nunca encontrou. Do ponto de vista da liderança, tenho sido mentoreado por pessoas como Lou Gerstner e Jack Welch, embora eu tenha apenas cumprimentado um deles. Eu tenho ouvido Welch, assistido a seus programas que respondem perguntas dos ouvintes, e lido tudo o que tem escrito. Mas em termos de encontro pessoal, nunca tive um e provavelmente nunca venha a ter. Ainda assim, eu o considero um mentor e sou um líder muito mais eficiente, estratégico e sensível ao trabalho em equipe por causa de sua extraordinária contribuição à minha vida.

Espiritualmente, tenho sido mentoreado por um grupo de mortos. Alguns dos grandes teólogos do passado como Abraham Kuyper, C. S. Lewis e Dietrich Bonhoeffer têm me ajudado a fazer um progresso monumental em minha caminhada com Cristo por meio de seus livros e sermões. Eles já se foram há muito, mas sua influência como mentores é um fato em minha vida. Isso não é fantástico?

Encontro muitos líderes que reclamam de suas lutas na área de liderança porque "ninguém os mentoreia." Tenho pouca paciência com essa linha de pensamento e deixo bem clara a minha posição encorajando-os com algumas palavras de compaixão do tipo: "Saia do marasmo e corra atrás do que precisa!".

Encontro muitos líderes que reclamam de suas lutas na área de liderança porque "ninguém os mentoreia". Tenho pouca paciência com essa linha de pensamento e deixo bem clara a minha posição encorajando-os com algumas palavras de compaixão do tipo: "Saia do marasmo e corra atrás do que precisa!".

É limitante crer que o mentoreamento só funcione com estudo da Bíblia ou reuniões de três horas num restaurante com um especialista. Não que você tenha de rejeitar totalmente a ideia de um almoço juntos. Eu apenas teria *muito* cuidado com o modo como isso é feito.

No correr dos anos, ao enfrentar desafios específicos que eu não poderia vencer por mim mesmo, buscava pessoas do meu círculo de re-

Van Ker

lacionamentos que pudessem me ajudar. Por exemplo, o melhor pai que conheci foi um homem na Willow chamado Jon Rasmussen. Sempre que eu lutava com problemas relacionados à paternidade, ligava para Jon. Quatro ou cinco vezes por ano ele atendia o telefone e ouvia: "Jon, eu o levo para almoçar se você me permitir que lhe faça algumas perguntas. Prometo ser breve, meu amigo, mas preciso das suas percepções".

Outra pessoa na Willow foi um especialista em finanças pessoais. Sempre que eu tinha decisões importantes a tomar relacionadas a dinheiro, fazia a mesma coisa — oferecia a ele um almoço em troca de um pouco da sabedoria adquirida a duras penas.

Ainda outro era um entusiasta da área de saúde. Quando sentia que precisava de uma nova dieta ou de um plano melhor de alimentação, buscava conselho com essa pessoa. Sua ajuda tem sido inestimável para mim.

Foi assim que também encontrei o ex-presidente da Motorola, Bob Galvin. O escritório mundial da Motorola está situado a dez quilômetros da Willow e eu sabia que o sucesso que a empresa havia conquistado nas três últimas décadas devia-se em grande parte à habilidade de liderança desse homem. Ele era a sabedoria de que eu tanto necessitava, por causa dos dilemas que caiam em meu colo. Eu o chamei e disse: "Eu lhe pago um almoço se você me responder a três perguntas muito específicas sobre liderança. Sem compromisso. Sem desdobramentos nem troca de correspondências. Apenas um almoço, três perguntas, quarenta e cinco minutos. Não irei tomar seu tempo, eu garanto".

Ele concordou. E em grande parte porque não tomei seu tempo nem me tornei uma peste, ele tem oferecido sua ajuda a mim muitas vezes desde então. Nesses dias, quando um líder em ascensão se aproxima de mim com os mesmos parâmetros e intenções, também fico muito mais inclinado a oferecer minha ajuda.

Não há maneira mais rápida de repelir um líder experiente que implorar-lhe que seja seu mágico pessoal. Enterre o sonho de Obi-Wan e em vez disso agarre oportunidades criativas de aprender à distância com milhares de mentores que têm muita sabedoria a compartilhar. De tempos em tempos, então, faça um pedido razoável a uma pessoa sábia por um tipo específico de informação, e suas necessidades de mentoreamento serão supridas e suas expectativas serão até mesmo superadas.

LINKS

65 Lidere com todo o interesse — p. 228

68 Leia tudo que puder — p. 236

72 Todos precisamos uns dos outros — p. 246

64 Você está esperando por outra vida?

Muitos anos atrás compartilhei o palco de uma conferência com Joni Eareckson Tada. Ela participou de uma sessão de perguntas e respostas depois de uma de suas palestras e alguém na plateia lhe perguntou como ela seguiu adiante — como continuou liderando, servindo e criando — a despeito de suas óbvias limitações físicas.

Irei lembrar sua resposta por muito, muito tempo. Ela disse: "Este é o único tempo na história quando tenho permissão para lutar por Deus. Esta é a única parte de minha história eterna quando estou de fato *em* batalha. Quando eu morrer, estarei em estado de celebração, em um corpo glorificado e em um conjunto de circunstâncias totalmente diferente. Mas esta é a minha janela limitada de oportunidade, e irei combater o bom combate com todo o meu empenho".

Joni acertou na mosca na conferência aquele dia e eu saí do evento mais convencido que nunca de que, se estou esperando por outra vida para ser corajoso, então estou enganando a mim mesmo. Com a sua resposta, Joni provou que sabe o que significa tomar uma decisão ousada. Ela sabe como viver a vida tão afinada com o Espírito Santo que a voz dele se une à sua voz interior; a visão de mundo dele se torna também a sua. Ela aprendeu a abafar os sussurros do medo e adotar a postura de Deus em qualquer situação que se apresente. Ela não somente sabe a coisa certa a fazer; ela *faz*.

Um amigo meu que é um líder de expressão me ligou outro dia. Ele está enfrentando um problema sério, mas sabe exatamente o que Deus está pedindo que faça para resolvê-lo. Minha pergunta pareceu arrogante, mas não foi a minha intenção. "Então por que você não faz o que Deus está obviamente pedindo que faça?"

Ele pensou por um segundo e então respondeu: "Não quero correr o risco mais uma vez".

Eu entendi o que ele disse. Isso acontece com todos nós.

Líderes lutam contra o medo regularmente. De tempos em tempos, ele tira o que eles têm de melhor, e líderes que outrora estavam dispostos a cumprir a ordem de Deus, não importa o risco, tornam-se exageradamente prudentes e começam a evitar riscos. Não deixe que isso aconteça a você: esta é a única vida que você tem!

Em minha opinião, arriscar-se no ministério é mais arriscado que arriscar-se em qualquer outra área, incluindo o mundo dos negócios. Na maioria das vezes, líderes corporativos estão apenas apostando dinheiro e, a despeito das aparências, os riscos são bem baixos quando somente dinheiro está envolvido. É óbvio que perder milhares ou milhões não é divertido, mas ao fim do dia a perda é apenas monetária.

O trabalho na igreja introduz uma moeda muito mais valiosa, porque você está lidando com a reputação de Deus e a alma eterna de pessoas reais. Esses riscos astronômicos — bem como as consequências decorrentes de fazer um negócio errado — são acrescentados a uma experiência visceral quando líderes de igreja se põem a avaliar riscos. Afinal, que líder em sã consciência gostaria de ser aquele que mete os pés pelas mãos em uma "coisa de Deus"?

Trata-se de um medo que eu entendo muito bem.

Perto do vigésimo quinto aniversário da Willow, nossos líderes mais experientes fizeram planos de atingir três objetivos muito ambiciosos. Lançaríamos o projeto de três novas propriedades regionais, assumiríamos os custos de uma expansão na casa dos cem milhões de dólares e auxiliaríamos projetos ministeriais internacionais totalizando mais cinco milhões de dólares. E faríamos as três coisas de uma vez.

Fiquei em estado de contemplação mais tempo que o normal porque, em minha visão, havia uma grande probabilidade de fracassarmos em todas as três áreas. Se falhássemos no projeto das três novas propriedades regionais, o fracasso poderia se refletir em nossa reputação, que levamos vinte cinco anos para estabelecer.

As outras duas iniciativas também davam medo. Até onde sabíamos, nenhuma outra igreja local havia feito uma campanha de construção no nível que estávamos planejando. E *todos* nós sabemos que "projetos ministeriais internacionais" devem ser evitados como praga.

Tudo poderia dar muito errado. Poderíamos acabar desperdiçando milhões de dólares do Reino no processo. Este não é exatamente o nível de esperança e de otimismo que você esperaria de um líder, certo? Eu sabia o que tinha de fazer, mas também sabia que haveria oposição e complicações, frustrações e surpresas. Será que eu gostaria de correr todo esse risco... de novo?

> *Esta é a única vida de liderança que eu aceito, a única maneira de seguir a Deus que sinto que ele me estimula a desenvolver. Não se trata de um aquecimento para o jogo. Ela é o jogo, e o relógio está correndo!*

Em momentos como aquele, tive de sacudir a mim mesmo e colocar-me num estado elevado de consciência ao perguntar: "Deus falou claramente comigo sobre esse passo de fé? Confirmou o que disse aos membros da equipe? Então vá em frente, Hybels! Que vida você está esperando?".

Esta é a única vida de liderança que eu aceito, a única maneira de seguir a Deus que sinto que ele me estimula a desenvolver. Não se trata de um aquecimento para o jogo. Ela é o jogo, e o relógio está correndo!

Você está esperando por outra vida?

Este é um de meus mantras favoritos. E está disponibilizado a você.

LINKS

6 Manobra radical — p. 42

44 Disposição para a ação — p. 161

71 Eu nunca faria isso por dinheiro — p. 243

65 Lidere com todo o interesse

Você provavelmente já teve a experiência de sentar-se do lado da janela do avião durante um voo noturno. O carrinho com comidas e bebidas já passou, você está cansado de olhar para a tela do computador e finalmente repousa a testa sobre o vidro da janela, totalmente fascinado com a vasta imensidão da escuridão exterior.

Depois de alguns momentos, muito sombriamente você avista as luzes de um pequeno vilarejo ou uma cidade que reluz no espaço negro. "Suponho que haja vida lá embaixo afinal", você pensa. Talvez sinta o mesmo alívio que eu sinto nesses momentos, alívio ante a constatação que comunidades de luz existem, sem outra razão senão impedir que todo o escuro domine a cena por completo.

Às vezes olho para uma paisagem local, nacional ou mundial e me pergunto se as sombras da corrupção humana irão obscurecer a visão para sempre. Mas então, quando tudo parece destinado à escuridão, uma frágil centelha de luz pontua a vista. Nesse lugar em particular, a malevolência é repelida um passo ou dois. Algo perverso recebe resistência. Algo bom é exaltado. Exige-se aquilo que é justo. A esperança pura e total é mais uma vez acesa.

Hoje a esperança pode ser encontrada em nossas famílias. Há famílias em lugares por todo o mundo nas quais as coisas estão verdadeiramente indo bem. Mães e pais estão desenvolvendo seus relacionamentos de maneira saudável e prática. Crianças são educadas em um ambiente de honra a Deus. Centelhas familiares estão voltando à vida.

Há esperança em nossas igrejas. Muitas estão executando planos importantes dentro de suas quatro paredes, mas também estão transformando suas comunidades. Há esperança em nossos negócios. Alguns estão construindo produtos de qualidade, melhorando a vida de seus empregados e gerando lucros enquanto estão ativos. Há esperança em nossa vizinhança, onde as pessoas estão se reunindo e aplicando suas melhores e mais criativas soluções para aos problemas que enfrentam. Movimentos sociais estão se formando em torno de problemas em larga escala que colocavam em perigo toda uma geração. Que diferença esses esforços farão!

Sempre que você vir algo funcionando bem — onde quer que a luz comece a espantar a escuridão que ameaça engolir nosso mundo —, olhe com atenção. Ali está um líder segurando uma vela acesa.

Sempre que você vir algo funcionando bem — onde quer que a luz comece a espantar a escuridão que ameaça engolir nosso mundo —, olhe com atenção. Ali está um líder segurando uma vela acesa.

Isso é certamente verdade em se tratando da Willow. Sempre que algo está funcionando realmente bem em nossa igreja, apenas algumas perguntas são necessárias para se saber que líder está por trás desse bom resultado. Do mesmo modo, encontre algo que esteja desarrumado na Willow, e você provavelmente saberá que há uma crise de liderança no centro daquela dificuldade.

Tudo se resume a uma liderança diligente e que honra Deus. Isso é verdade para a Willow e é verdade para a sua igreja. É verdade para a nossa família, para o seu negócio e para a sua comunidade. Líderes devem "liderar com interesse", diz Romanos 12.8 (minha paráfrase). E em toda a história, quando o mal precisou ser confrontado ou quando a opressão precisou de resistência, quando a escravidão precisou ser abolida, quando governos precisaram ser derrubados, quando igrejas precisaram ser rejuvenescidas, quando movimentos sociais importantes precisaram ser iniciados, um líder "diligente" entrou em cena.

Eles comunicaram a visão da mudança.

Eles se comprometeram pessoalmente a pagar o mais alto preço da liderança.

Eles arregaçaram suas mangas, liberaram suas melhores energias e perseguiram a visão com tudo o que possuíam. E, ao final de todos os seus esforços, uma centelha de luz foi erguida, luz que faz a escuridão recuar mais um milímetro.

Todo o progresso depende de líderes diligentes, o método preferido de Deus para transformar o mundo.

LINKS

7 Um proprietário ou um assalariado — p. 44

72 Todos precisamos uns dos outros — p. 246

66 NO FUNDO DO MEU SER

Em que você acredita, no fundo do seu ser? Se um problema particular der margem a uma opinião passageira, mas não a seu ativismo mais apaixonado, se ele despertar sua curiosidade, mas não agitá-lo a ponto de levá-lo a fazer algo, se ele incomodar sua consciência, mas não estimulá-lo a agir, então não é uma questão que toque o fundo do seu ser. No entanto, se ele provocar um tremor em seu interior que você pode sentir da cabeça aos pés, então você tem em mãos uma questão que envolve o cerne do seu ser.

Quais são os valores ou convicções que você cultiva? Talvez eles tenham surgido com o estudo da Bíblia. Talvez tenham aparecido em meio à dor. Ou talvez sejam resultado de um estímulo do Espírito Santo, dado exclusivamente a você. Selecione quais são, comunique-os àqueles que você lidera, e então viva de acordo com eles ao exercer seu ministério de liderança.

Ao me preparar para confrontar uma violação de valores dentro de nosso ministério ou uma injustiça no mundo, pergunto se isso é algo que eu sinto no fundo do meu ser. Reflito se poderei viver comigo mesmo se não tomar uma atitude. Se concluir que não serei capaz de dormir à noite ou me olhar no espelho, eu ajo. E ajo com paixão! Expresso minhas convicções, dou voz às minhas preocupações e deixo as lascas cair onde quiserem.

Acredito que, quando Deus dá a alguém o dom da liderança e o encarrega de liderar algo, ele também põe questões do "fundo do meu ser" no coração desse líder. E aposto que, se você apanhar um jornal e uma caneta e dedicar uma hora à tarefa, irá identificar as suas agora mesmo.

Quais são os valores ou convicções que você cultiva? Talvez eles tenham surgido com o estudo da Bíblia. Talvez tenham aparecido em meio à dor. Ou talvez sejam resultado de um estímulo do Espírito Santo, dado exclusivamente a você. Selecione quais são, comunique-os àqueles que você lidera, e então viva de acordo com eles ao exercer seu ministério de liderança. Deixe que esses problemas ajam como mediadores para decisões-chave. Deixe que eles lhe digam onde concentrar tempo, energia, paixão e dinheiro. E deixe que eles o ajudem a ficar próximo da visão que Deus está lhe pedindo para perseguir.

LINKS

7 Um proprietário ou um assalariado — p. 44

73 A excelência honra a Deus e inspira as pessoas — p. 249

67 SEMPRE PEGUE A ESTRADA PRINCIPAL

Quando eu tinha vinte e poucos anos, servi como um dos jovens líderes para um grupo chamado Son City (Cidade do Filho). Nossa frequência havia crescido de vinte e cinco para mais de mil pessoas em menos de três anos e Deus estava sacudindo a casa! Estudantes encontravam a fé em Cristo, mentalidades eram mudadas e vidas eram transformadas. No entanto, a igreja na qual nos reuníamos passava por um momento difícil. Eles já estavam a um bom tempo sem pastor; o novo que haviam trazido lutava para atrair algum interesse para sua visão e ao menos uma porção da população adulta daquela comunidade ocupava seu tempo livre resistindo a tudo o que o nosso ministério entre estudantes defendia.

Foi no meio desse ambiente que Deus me chamou para deixar aquele ministério e começar a Willow em um teatro alugado.

O novo pastor titular da igreja concordou que eu redigisse uma carta de renúncia e a lesse para toda a congregação em meu último culto de domingo pela manhã. Comecei imediatamente a organizar meus pensamentos, incluindo minha frustração com os diáconos, minha decepção com o conselho deliberativo e minha perspectiva não tão humilde sobre como a equipe de líderes da igreja parecia ser incompetente.

Na semana anterior à leitura da minha carta, um dos homens mais velhos da igreja levou-me para almoçar. Ele me agradeceu pela influência que Son City havia tido sobre a vida de sua filha e então me perguntou o que eu planejava dizer à congregação em minha despedida. Eu lhe contei meu plano de expor *tudo* e explicar exatamente o que estava errado na igreja e como foi frustrante tentar organizar um ministério de jovens forte em uma igreja fraca. Quanto mais eu falava, mais seu rosto expressava preocupação.

"Você acha uma estratégia ruim?", perguntei antes mesmo de terminar de ler minhas anotações.

Nunca vou esquecer sua resposta. Ele disse: "Bill, quero encorajá-lo de todo o coração a pegar a estrada principal no domingo. Abençoe quem você puder abençoar. Agradeça a todos que puder agradecer. Anime quem for apropriado que anime. E encerre o assunto. Eu estou velho agora e nunca me arrependi de pegar a estrada principal".

Deixei aquele encontro, mas suas palavras nunca deixaram minha mente. Quando chegou a hora de me colocar diante da congregação e ler minha carta — a que escrevi depois de ter rasgado a primeira —, peguei a estrada principal. Admiti os enganos que tinha cometido. Pedi perdão pelos erros de principiante que cometi. E elogiei a igreja por ser o tipo de lugar onde um ajuntamento de algumas dezenas de garotos inocentes pôde se transformar em um ministério tão significativo e abrangente. Minha partida causou um grau razoável de revolta, mas, menos de dois anos depois de minha decisão de partir e começar a Willow, os líderes daquela igreja me convidaram para falar na sua festa anual. O que nunca teria acontecido se eu tivesse me mostrado uma pessoa de outra estrada que não a principal.

> *"Abençoe quem você puder abençoar. Agradeça a todos que puder agradecer. Encoraje quem for apropriado encorajar. E encerre o assunto."*

Por toda a história da Willow, muitas vezes membros da equipe se comportaram mal, tiveram um desempenho abaixo do esperado e decidiram sair. Algo em mim quis desesperadamente subir no telhado e gritar: "Quero que vocês todos saibam que a culpa foi *deles*! Por certo eles renunciaram, mas só porque sabiam que seriam *despedidos*!". Tantas vezes eu quis dar a minha versão dos fatos, defender minha honra e proteger nossa igreja de cafajestes em formação que talvez estivessem sendo guiados pelo inferno. Mas então eu ouvia aquela exortação do presbítero flutuar pela minha consciência: "Abençoe quem você puder abençoar. Agradeça a todos que puder agradecer. Encoraje quem for apropriado encorajar. E encerre o assunto". E então, com a ajuda do Espírito, eu encerrava.

Provérbios 22.1 diz que um bom nome é mais desejável que grandes riquezas e que ser estimado é melhor que prata e ouro. Mas a única maneira de obter esse bom nome é pegando a estrada que mais honra a Deus, que mais abençoa as pessoas e que conduz a relacionamentos saudáveis, funcionais e duradouros para o futuro. A verdade que recebi é a verdade que agora lhes dou: "Eu estou (mais) velho agora e nunca me arrependi de pegar a estrada principal".

LINKS

29 Velocidade do líder, velocidade da equipe — p. 117

76 Termine bem — p. 259

68 Leia tudo que puder

Tive uma reunião anos atrás com uma líder da Willow que havia tido sucesso liderando um de nossos maiores departamentos por um longo período. Ela pedira a reunião porque disse que estava enfrentando uma crise de liderança e precisava de ajuda. Era uma líder muito boa, mas o tamanho e a dimensão de suas responsabilidades haviam triplicado em um período curto de tempo e ela estava desmoronando sob a pressão que sentia com toda aquela mudança.

Escutei atentamente sua descrição dos problemas. Por vinte minutos, eu ouvi. Mas então minha paciência acabou. Interrompi seu monólogo e disse: "Lamento interromper, mas os problemas que você destacou em nossa conversa até aqui pertencem a outras realidades. Deixe-me fazer uma pergunta a você: 'Quais são os nomes dos três livros sobre liderança que você leu nos últimos doze meses?'".

Ela não conseguiu lembrar nenhum.

"Eu não entendo", continuei, "que você possa estar encarregada de liderar tantas pessoas e centenas de milhares de dólares em recursos e, no entanto, não sinta nenhuma compulsão para ler livros que aprimorem a sua liderança. Os líderes mais brilhantes e espirituais do planeta têm escrito conteúdos fantásticos sobre esses mesmos problemas com os quais você está lutando e que estão ao alcance da sua mão. Basta um simples gesto!"

A conversa que se seguiu confirmou o que eu há muito acreditava: muitos líderes em posição de destaque negligenciam sua necessidade de ler.

Quanto mais velho fico e quanto mais lidero, maior fica minha lacuna de conhecimento e mais consciente me torno de tudo o que não sei sobre liderança. Mas então leio Romanos 12.8, que diz que eu tenho de "liderar com interesse". Como liderar com interesse quando há tanto a se aprender?

Os líderes têm a responsabilidade diante de Deus de melhorar *constantemente*, e uma das maneiras mais confiáveis de se fazer isso é lendo. Grandes líderes leem com frequência. Leem com voracidade. Leem clássicos e novos lançamentos. Assimilam lições do exército, da academia, da política, das organizações não governamentais e dos líderes de igreja que estejam liderando bem. Eles se recusam a ficar desatualizados sobre o assunto porque sabem que todos os grandes líderes leem.

Quando você lê, coloca nova informação em seu subconsciente. Você pode passar dez horas inteiras indo de capa a capa e ao final sentir que não ficou nem um pouco mais sábio. Mas então, um dia ou uma semana depois, você enfrenta um dilema de liderança que está apto a resolver somente porque leu aquele livro.

Líderes têm a responsabilidade diante de Deus de melhorar constantemente, e uma das maneiras mais confiáveis de se fazer isso é lendo.

Mês passado eu estava caminhando num aeroporto, aprontando-me para embarcar em um voo de três horas, de volta para casa. Era a quantidade de tempo perfeita para ler as três revistas sobre náutica que eu tinha em minha maleta. "Perfeito!", pensei, enquanto passava em frente a uma livraria. Sentindo uma pontada de culpa, pensei sobre as férias de uma semana que eu tinha desfrutado com minha família. Pensei nos desafios que estávamos enfrentando no retorno à Willow. E percebi que devia à minha equipe aquela janela de três horas de preparação a fim de que eu pudesse liderar com o máximo de eficiência quando voltasse para casa.

Parei na livraria e apanhei um livro sobre negócios, que tratava sobre tomada de decisões sábias. Ele era tão cativante que sublinhei no mínimo um terço de suas páginas em minha viagem de volta. Não foi surpresa o fato de que muitos dos dilemas que enfrentei naquela semana exigissem cada milímetro do novo conhecimento que eu havia colhido daquele livro. Imagine se eu ficasse apenas nas revistas náuticas!

Tenho pouca paciência com líderes que se metem em enrascadas de liderança e então confessam que não leram um único livro sobre o assunto em anos. Se você é um líder sério, você lerá. Lerá tudo que puder. Lerá quando tiver vontade e quando não tiver. Fará o que for necessário para melhorar seu nível de informação sobre o assunto, porque sabe tanto quanto eu que isso *o tornará* melhor.

LINKS

60 Pague agora, brinque depois — p. 210

65 Lidere com todo o interesse — p. 228

73 A excelência honra a Deus e inspira as pessoas — p. 249

lidere

69 Lidere alguma coisa!

Frequentemente me perguntam, além da leitura, como melhorar como líder. E se estou de bom humor, às vezes digo com um sorriso: "Simplesmente *lidere* alguma coisa!".

Os líderes melhoram quando estão em atividade, engajados nos rigores diários de tentar empurrar uma bola morro acima. Eles melhoram ao terem sido um pouco espancados e se disporem a continuar seguindo adiante de qualquer maneira. Mas a melhor maneira de um líder melhorar é liderar alguma coisa além da sua "coisa principal".

Eu acredito que os líderes de igreja melhoram quando servem em conselhos que nada tenham a ver com as igrejas às quais servem. "Sirva a um banco local, sirva a ACM de sua vizinhança, sirva a uma ONG interessante, sirva à universidade pública". Eu oriento líderes, "mas encontre sua oportunidade de liderança que seja complexa, diversa e que se coadune às suas paixões. Os efeitos subsequentes irão impressioná-lo!"

Quando fui convidado para servir no conselho da Visão Mundial em meados da década de 1990, a organização enfrentava alguns desafios difíceis. Estávamos tentando arrecadar e direcionar centenas de milhões de dólares na ajuda a crianças famintas em mais de cem países ao redor do mundo — uma tarefa gigantesca.

A complexidade da situação me motivava e quase sempre me deixava acordado à noite, estimulando-me a um período intenso de pesquisa e de reflexão. Entretanto, mais que do qualquer outra coisa, ela me *preparou*. Minha experiência no conselho foi um ensaio para os desafios na Willow como eu jamais poderia imaginar que fosse, porque, quando Deus abriu as portas para que nossa igreja cruzasse continentes, contratasse tradutores e conduzisse o nosso ministério a grande número de fóruns internacionais, eu me senti capacitado de uma maneira que jamais estaria se não tivesse servido no conselho da Visão Mundial.

Mais tarde eu lideraria uma equipe náutica de competição. E, embora as implicações de nossas decisões não fossem nem de longe tão importantes quanto as que enfrentávamos na Visão Mundial, muitas das lições que aprendi liderando uma tripulação de nove membros em regatas de nível nacional encontraram eco em meu papel na Willow.

Pense nisso da seguinte forma: se você é um corredor de maratona que treina seis vezes por semana, mas nunca se envolve em nenhuma outra atividade física, poderia jogar uma simples partida de futebol e pensar que fosse morrer. Do mesmo modo, se você corre e joga futebol, mas não levanta peso, alguns poucos exercícios poderiam deixá-lo implorando por misericórdia. Quando você usa diferentes músculos, força seu corpo a ser flexível e a desenvolver-se de maneiras novas.

Os líderes devem incorporar algum tipo de treinamento multifuncional em seu regime de desenvolvimento de liderança. Quanto mais variados os ambientes nos quais você exercita seu dom de liderar, mais forte esse dom se tornará. Lidere alguma coisa além de sua atividade principal. Você se tornará um líder muito mais eficiente.

Quanto mais variados os ambientes nos quais você exercita seu dom de liderar, mais forte esse dom se tornará.

LINKS

54 Todo soldado merece comando competente — p. 193

65 Lidere com todo o interesse — p. 228

70 PONTUALIDADE ACIMA DE TUDO

Jesus disse que o seu sim seja sim e o seu não seja não.[1] Assim, quando digo sim a uma reunião com um grupo de colegas a certa hora e local, faço tudo o que está ao meu alcance para manter a minha palavra. Pontualidade revela caráter, e líderes não estão acima das regras que governam coisas como cortesia e caráter.

Quando um líder diz a um grupo a quem se reporta diretamente: "Estarei no restaurante ao meio-dia para encontrar vocês quatro", todas essas quatro pessoas querem saber se esse líder de fato cumprirá a sua palavra. Se o líder atrasar quinze minutos, os membros da equipe que se desdobraram para estar lá na hora se sentirão desvalorizados.

No entanto, quando um líder desvia do trânsito, toma um atalho, faz ligações dando a sua localização e *ainda assim* consegue chegar na hora, os membros da equipe se sentem valorizados.

Pontualidade revela caráter, e líderes não estão acima das regras que governam coisas como cortesia e caráter.

Dentro do grupo de liderança da Willow, se as pessoas encontram uma complicação que as leva a atrasar-se para uma reunião, a primeira coisa que fazem ao chegar é lamentar. Sem desculpas; apenas um sincero: "Eu lamento". Qualquer um pode dar uma razão válida para estar atrasado. Mas são necessárias graça e inteligência relacional para considerar a razão, até que

[1] Mateus 5.37

você primeiro faça saber aos membros do grupo que seus sentimentos são mais importantes que a sua justificativa.

Quando eu tenho de me desculpar assim, toda a minha equipe relaxa. Eles são lembrados que eu verdadeiramente valorizo seu tempo, os vejo como iguais e realmente desejo que meu sim seja sim.

LINKS
30 Preste atenção às saudações e às despedidas — p. 119
46 Preocupe-se com as pequenas coisas — p. 167

71 Eu nunca faria isso por dinheiro

Há mais de vinte anos fiz minha primeira viagem à Índia. O hotel onde me hospedaram era horrível. A cama era tão suja que em vez de estender as cobertas e deitar, abri minha mala e tirei todas as peças de roupa dela. Estendi as camisetas polo e todas as outras peças de modo que nenhum pedaço do colchão ficasse à mostra. Soa paranoico, eu sei, mas os insetos que passeavam sobre a minha cama naquela noite pediam isso.

Acordei na manhã seguinte e senti como se estivesse preso em um pesadelo. O calor, os cheiros, a densidade populacional, os esgotos a céu aberto, os animais mortos — tudo era maior do que eu podia suportar. E isso foi *antes* de minha primeira palestra.

O tradutor que eu usava nunca havia traduzido antes, eu não conseguia enxergar minhas anotações porque a iluminação era fraca, ninguém parecia animado com a visão de Atos 2 que eu estava compartilhando e o dia inteiro pareceu uma enorme perda de tempo, energia e paixão.

Voltei para o meu quarto de hotel naquela noite, tirei meus sapatos, deitei na cama e gritei alto o suficiente para todo o saguão ouvir: "Quem precisa disso?".

Os ratos no chão olharam para mim enquanto eu me desesperava ainda mais. "Sou um holandês suburbano de Barrington, Illinois", eu pensei. "Que diabos estou fazendo aqui? E por que continuo me metendo em enrascadas como essa?"

Na Willow, inúmeras vezes entrei em meu carro no estacionamento da igreja depois de uma reunião que terminou tarde da noite e pareceu resultar em nada em termos de progresso, passei o trajeto inteiro de volta para casa perguntando a mim mesmo se o sonho do Reino valia a pena o esforço. Depois de um final de semana de cultos em que preguei três vezes o mais apaixonadamente que pude, e cumprimentei centenas de pessoas que queriam conversar sobre sua dor e suas lutas só para chegar em casa e receber um *e-mail* de um membro importante da equipe me informando que estava se mudando para outra igreja, eu silenciosamente repito a pergunta do quarto de hotel na Índia: "Por que me meti nessa enrascada?".

Não há dinheiro suficiente no mundo para me motivar a fazer o que eu faço. Mas há um tipo de compensação que me incendeia. Ela é o elogio de Deus a todos os seus filhos e filhas que servem fielmente: "Muito bem".

Em momentos assim, a maneira estranha com que confessadamente recordo a mim mesmo que a visão de Deus vale o melhor de minhas energias e fé contínua é dizer: "Uma coisa é certa: eu nunca faria isso por dinheiro!". Chamem-me de louco, mas esse axioma funciona para mim. A frase me lembra que Deus é o único que me chama a viver essa vida, e eu quero ser encontrado fiel um dia. Verdade seja dita, não há dinheiro suficiente no mundo para me motivar a fazer o que eu faço. Mas há um tipo de compensação que me incendeia. Ela é o elogio de Deus a todos os seus filhos e filhas que servem fielmente: "Muito bem".

Em 1Coríntios 15, o apóstolo Paulo diz que, se não há ressurreição e se não há recompensas eternas, então por que nós todos não comemos, bebemos e nos alegramos? "Se foi por meras razões humanas que lutei com feras em Éfeso", ele continua, "o que ganhei com isso?"[2]

2 1Coríntios 15.29-34

Quando os líderes têm uma maneira rápida e sucinta de checar sua motivação durante tempos de provas no ministério, têm uma chance muito melhor de perseverar no longo prazo. Renovar minha convicção de que eu nunca serviria tão sinceramente por dinheiro me ajuda a manter claro por que sirvo com todo o meu coração. Somente Deus tem a lealdade suprema, ele é o objeto direto de meu afeto mais elevado, e suas promessas são aquilo em que aposto meu ministério inteiro e a eternidade.

LINKS

7 Um proprietário ou um assalariado — p. 44

20 Isto é igreja — p. 87

56 Velocidade *versus* alma — p. 199

65 Lidere com todo o interesse — p. 228

72 Todos precisamos uns dos outros — p. 246

72 Todos precisamos uns dos outros

Por vocação, o tradutor que tenho quando ministro na Alemanha é um dentista de sucesso. Além de ter construído uma das mais respeitadas trajetórias profissionais em Frankfurt, ele tem uma família inteira que ama Deus.

Por muitos anos, ele e sua família participaram de uma igreja agonizante. Presenciaram uma redução de membros de sessenta para quarenta e de quarenta para vinte e cinco. A frequência finalmente chegou a um grupo mínimo de pessoas, desesperados por manter a igreja viva.

Vários anos atrás, enquanto traduzia uma de minhas palestras sobre liderança, algo veio à sua mente. Ele foi para casa aquela noite e orou a Deus. "Deus me deu dons de liderança que tenho usado para construir uma carreira profissional bem-sucedida e uma família feliz", ele mais tarde comentou acerca da sua revelação, "mas eu nunca considerei usar essa capacidade de liderança para ajudar a edificar uma igreja local saudável!"

Ele fez uma visita aos membros remanescentes do conselho da sua igreja. "Parece-me que nosso candelabro se apagou. No entanto, acredito que Deus me deu alguns dons de liderança e me pergunto se há algo que eu possa fazer para tentar mudar essa situação um pouco."

"Vá em frente!", os membros do conselho disseram. "Se há algo que você possa fazer para ajudar, faça!"

Ele começou a fazer o que os líderes naturalmente fazem. Fez perguntas duras às pessoas à frente do trabalho: "Por que vocês estão fazendo isso?

Qual é a sua missão? Qual é o seu foco? Qual é a sua estratégia? Quais são alguns pontos positivos que podemos desenvolver?".

E fez uma pergunta fundamental a todos: "Vocês irão ajudar? Irão ajudar? Irão ajudar?".

Ele formou algumas equipes e liderou-as diligentemente até que a igreja voltasse a andar nos trilhos. Lentamente mas com firmeza, os números cresceram. Trinta, e depois quarenta e cinco, cinquenta, sessenta. Ele ajudou a assegurar que o pastor que viria tinha dons de liderança e de ensino.

Em uma viagem recente à Alemanha, depois de um longo dia de compromissos e palestras (para nós dois!), sentei-me com ele em um restaurante até depois da meia-noite e fiquei sabendo que sua igreja tem uma frequência de cento e sessenta pessoas todo final de semana. Eles ocuparam mais uma parte do prédio, Deus está transformando vidas e o futuro parece promissor.

Eu o cumprimentei, dizendo do meu orgulho por ele ter assumido uma parte de suas muitas qualidades de liderança e as usado para melhorar a igreja local, quando notei sua cabeça baixa. Parei de falar por um instante e esperei até que seus olhos se reconectassem aos meus.

"Bill", ele disse, "tem sido mais difícil do que eu imaginava. Houve muitas vezes em que quis desistir. Honestamente, foi muito mais fácil construir minha carreira como dentista do que edificar esta igreja."

Eu balancei a cabeça em concordância, pensando: "Sei exatamente o que você quer dizer".

E ele continuou: "Mas sabe, quando passei por aqueles períodos escuros, senti Deus dizendo: 'Você está indo muito bem! E eu estou aqui para ajudar'. Ele me carrega. Ele me cura e me coloca de volta no rumo certo. Em cada uma dessas ocasiões sinto-me apto a ir um pouco mais adiante".

"Eu realmente compreendo o que você está dizendo", respondi. "E posso certamente relacionar-me com a dinâmica que você descreve."

O apóstolo Paulo também conhecia bem essa dinâmica. Durante aquele que foi provavelmente o vale mais profundo da sua liderança, quando foi traído, abandonado e dado como morto, Paulo diz em 2Timóteo 4.17 que "o Senhor permaneceu ao [seu] lado".

Ninguém mais permaneceria ao lado de Paulo, mas Deus se aproximou. Deus colocou-se ao seu lado. Deus o carregou. Deus lhe deu forças. E então a luz da manhã brilhou.

"Apoie-se na presença fortalecedora de Deus e perceba que você não está só. Estenda a mão a Deus e ele estenderá sua mão para você. Ele irá restaurar a sua alma. Ele irá encorajá-lo e inspirá-lo. Ele irá curá-lo e colocará seus pés de volta ao caminho. Ele reunirá outros líderes ao seu lado que irão orar por você e caminhar com você."

Em qualquer dia posso olhar na Willow e encontrar líderes fortes que servem nossa igreja excepcionalmente bem. Mas também posso encontrar alguns que estão à beira do colapso. Se eu estivesse por perto durante a noite escura da alma de meu tradutor alemão — aqueles tempos quando ele reconhecidamente estava à beira do colapso —, eu teria lhe dito as mesmas palavras que sempre digo a mim mesmo, baseada em temas que eu amo nas Escrituras: "Apoie-se na presença fortalecedora de Deus e perceba que você não está só. Estenda a mão a Deus e ele estenderá sua mão para você. Ele irá restaurar a sua alma. Ele irá encorajá-lo e inspirá-lo. Ele irá curá-lo e colocará seus pés de volta ao caminho. Ele reunirá outros líderes ao seu lado que irão orar por você e caminhar com você. Ele irá lembrá-lo de que nada que você fizer por ele será em vão. Nada".

Nós *todos* precisamos uns dos outros, meu amigo, o que quer que seja que estejamos liderando, onde quer que seja no Globo. O progresso do Reino que estamos perseguindo necessita de todos nós.

LINKS

42 Tivemos o privilégio de fazer isto juntos! — p. 151

66 No fundo do meu ser — p. 231

73 A excelência honra a Deus e inspira as pessoas

Anos atrás, durante um compromisso, fiquei em um hotel em Dallas. Era tarde da noite e, após percorrer alguns canais, parei na ESPN, quando ouvi que a lenda do tênis Martina Navratilova havia ganhado uma partida cansativa na Flórida naquele dia. Desliguei para dormir.

Na manhã seguinte, acordei cedo e fui para a sala de ginástica do hotel. Eram umas cinco e meia da manhã quando entrei nas dependências do espaço, mas não era o único ali. Uma mulher passava pelas portas de vidro. Era Martina Navratilova. Ela estivera na Flórida no dia anterior e se encontrava em Dallas, de pé antes de amanhecer, animada para bater umas bolinhas em uma sala de ginástica de um hotel, como se não tivesse nada melhor para fazer. Como dormir, por exemplo.

É apenas uma suposição, mas não acho que ninguém disse a ela para fazer isso. Penso que ela se arrastou para fora da cama e vestiu roupas de trabalho antes do sol nascer por causa de uma necessidade interior insaciável por excelência. Ela quer *muito* vencer.

Líderes em todas as áreas possuem um mecanismo de controle de qualidade interno, um anseio por excelência que não os deixa ficar para trás.

Líderes em todas as áreas possuem um mecanismo de controle de qualidade interno, um anseio por excelência que não os deixa ficar para trás. Esse anseio empurra-os para que alcancem níveis mais elevados de eficiência e eficácia que ninguém necessita cobrar-lhes.

O meu nasceu muitos anos atrás, depois que passei um tempo refletindo sobre uma simples passagem da Bíblia.

Em Malaquias 1.6, Deus diz ao povo de Israel que tem uma ofensa contra eles. Eles buscam freneticamente saber o que fizeram de errado; finalmente, eles pedem esclarecimentos: "Bem, o que nós fizemos?".

Falando em nome de Deus, o profeta Malaquias responde: "O que vocês *fizeram*? Vocês *conhecem* as leis sobre os sacrifícios. *Sabem* que têm de ir ao seu rebanho e selecionar o cordeiro melhor, o mais valioso, o mais apreciado para ofertar a Deus. Mas, em vez de fazer o que sabem, vocês vão aos seus campos e intencionalmente desprezam a melhor ovelha. Em vez de selecionar seu cordeiro apreciado, procuram por um que esteja doente, cego, coxo e encostado na cerca, pronto para virar de pernas para o ar! Vocês agarram *esse* e correm para o altar antes que ele morra, pensando: 'Ele será o suficiente. É só para Deus'".

Malaquias então disse ao povo: "Eis o que Deus diz: 'Não se incomodem de fazer uma fogueira. Não percam seu tempo. Eu não quero o cordeiro doente, coxo, cego e quase morto. Que zombaria contra mim! Ou vocês me trazem o cordeiro apreciado ou não me trazem nada!'".[3]

Você pode imaginar receber uma repreensão como essa diretamente de Deus? Eu li a passagem naquela tarde e senti como se algo tivesse permanentemente mudado dentro de mim. O Espírito de Deus parecia estar me dizendo que o que faço na liderança cristã — todo plano que elaboro, toda reunião que lidero, toda palestra que dou — precisa ser meu melhor cordeiro, minha *melhor* oferta! Não que eu passe a trabalhar como um paranoico ou um perfeccionista extremo, mas que eu viva do desejo profundo de meu coração de honrar a Deus.

Em meus mais de trinta anos como pastor titular, ninguém estabeleceu um padrão que eu tente alcançar com respeito à minha pregação. Seria

[3] Malaquias 1.6-14, redução nossa.

uma perda de tempo, porque meu padrão interno sempre será mais elevado do que os outros possam estabelecer. As pessoas na Willow têm tido de tolerar muitos sermões bem lamentáveis, mas nesses tempos específicos da minha vida essas mensagens foram as melhores que eu pude dar.

Eu me pergunto o que aconteceria a todas as igrejas do planeta se todos os pastores, membros de equipes, voluntários, presbíteros ou diáconos e os que servem nos ministérios infantis dissessem: "Você não tem de se preocupar comigo. Estou comprometido a dar meu melhor cordeiro, todos os dias. Irei viver em união vital com Deus e irei consistentemente oferecer minha oferta mais excelente. O padrão que estabeleci é mais elevado que qualquer outro que você poderia estabelecer para mim!".

O que aconteceria à sua liderança? O que aconteceria à sua pregação? O que aconteceria à sua música? O que aconteceria às nossas funções administrativas se *todos* na igreja estabelecessem seus próprios padrões de controle de qualidade, baseados na excelência de Jesus Cristo e permanecessem inabaláveis em sua determinação de honrá-lo com seu melhor sempre?

Devemos lutar pela excelência porque é a excelência que honra a Deus. É a excelência que inspiras pessoas. E é a excelência que representa problema para o inimigo de nossa alma.

LINKS

44 Disposição para a ação — p. 161

46 Preocupe-se com as pequenas coisas — p. 167

74

Você cresce quando admite que errou

"Não faça isso parecer um grande projeto, certo?"

Estas foram as últimas palavras que ouvi de um membro do conselho da Willow antes de pregar nos cultos de final de semana. O ano era 1977, e o "projeto" a que ele estava se referindo era o estabelecimento da Willow em suas novas dependências em South Barrington. Nós havíamos adquirido um pedaço de terra, havíamos aprovado o plano de construção e, depois de dois longos anos, finalmente nos mudaríamos para um local definitivo.

Esse membro perspicaz sabia que a imprensa tentaria uma entrevista comigo depois do culto e ele queria certificar-se de que eu não exageraria sobre nossas intenções, colocando assim o nosso plano sob questionamento por membros da comunidade. Se eu tomasse o caminho errado do ponto de vista da comunicação, todo o nosso progresso poderia ser comprometido.

Imediatamente após o culto, um repórter dirigiu-se a mim e perguntou: "Então, Bill, quais são seus planos em Barrington e Algonquin?".

Em uma total falta de juízo, comparei a área que antevíamos com o Shopping Center Woodfield.

O Shopping Woodfield é um shopping de 200 mil metros quadrados próximo a Schaumburg, que hoje ostenta mais de trezentas lojas luxuosas e recebe mais de trinta milhões de clientes por ano. Não é exatamente a melhor associação a propor a um repórter.

"Temos trabalhado *muito* nisso", expliquei no melhor tom que pude, "e queremos ter um *enorme* auditório e muitas salas de aula e escritórios adequados e um *lugar ótimo* onde possamos tratar as pessoas que tenham necessidade de aconselhamento e..."

Fiz uma longa lista de nossos sonhos, impressionado com minha habilidade de lembrá-los todos. Esse sujeito me ouviu! Sim... ouviu, ouviu, ouviu, até o fim.

Só a caminho de casa é que tomei pé da realidade perturbadora da minha situação. "É exatamente o que o membro do conselho me disse para não fazer, mas isso me deteve? Nããããão! Não consigo acreditar no que fiz!"

Será que eu deveria ligar para o membro do conselho e confessar meu grosseiro passo em falso ou deixar que ele descobrisse ao ler as notícias no jornal do dia seguinte? Fazer o caminho curto entre minha sala e onde estava o telefone nunca foi tão difícil. Eu fiz a ligação.

Depois de trocarmos gentilezas, eu disse: "Escute, quando você ler um artigo em particular no jornal de amanhã, talvez tenha pensamentos homicidas a meu respeito. Você me disse muito especificamente para tomar cuidado com repórteres, mas eu me compliquei na conversa com um deles e no fim sucumbi. Fiquei todo empolgado com nosso programa de construção e disse muito além do que deveria ter dito. Lamento profundamente. Isso não vai acontecer de novo".

Ele leu o artigo no dia seguinte e me ligou imediatamente. Com uma sutileza clássica e enxuta penso que suas palavras exatas foram: "É uma forma de restringir o programa de construção, Bill".

Por mais horrível que tenha sido essa experiência, ela na verdade representou um processo significativo da minha parte. Durante os primeiros anos, meu mantra de liderança havia sido "Prove-te a ti mesmo". Gastei muito tempo e energia tentando provar ao conselho, a meus colegas e àqueles a quem me reportava diretamente que minha liderança era digna de confiança. Queria que aqueles a quem eu prestava contas cressem que minha média em se tratando de tomar decisões sábias era alta, a ponto de que, quando tomasse uma decisão tola, minha reação fosse escondê-la o máximo de tempo possível. Eu tinha medo que minhas reservas de crédito diminuíssem, que meus superiores confiassem menos em mim ou ambas as coisas.

Certa vez, quando diante de uma escolha de contratação, eu disse: "Olhe, eu sei que essa pessoa é mais jovem, mas irei encarregá-lo da função. Se eu orientá-lo e treiná-lo, ele ficará bom com o tempo".

O trabalho acabou sendo demais para ele, mas, em vez de assumir minha decisão equivocada, repetidas vezes eu olhava meus colegas nos olhos e dizia: "Acho que ele vai melhorar. Deem-me mais tempo". Ele nunca melhorou.

Em outra ocasião, durante um esforço de arrecadação de recursos, ficou evidente que, como equipe de liderança, estávamos longe de alcançar o alvo que havíamos estabelecido. Em vez de revelar a verdade, insisti em ampliar o tempo e então tive de lutar nos bastidores para descobrir como obter mais dinheiro das pessoas. Não foi bom.

Agora sei como é importante para os líderes verbalizarem, tão logo percebam, que meteram os pés pelas mãos. Quando o presidente de uma instituição da qual participo levanta e admite um erro ou faz uma advertência oportuna com respeito às iniciativas que não estão saindo conforme o planejado, respiro aliviado. Nesse momento de verdade, eu penso: "Como membro do conselho de diretores, estamos prontos a ajudá-lo. Iremos nos reunir e provar que juntos podemos encontrar uma saída para isso. Muito obrigado por admitir a verdade!".

Talvez todos os líderes tenham de se expor e sofrer as consequências da abordagem "Esconda-se, e eles nunca saberão" antes que acordem e percebam que não podem se esconder para sempre e que "eles" sempre acabarão sabendo. Toda vez que líderes experientes transferem a responsabilidade — *outra* pessoa pisou na bola, *outra* pessoa está em falta —, sua credibilidade despenca a cada pessoa que descobre a verdade. Quando algo dá errado, membros do conselho, membros da equipe e outros observadores querem ver qual líder assumirá a responsabilidade por isso. Esse é o líder que eles irão respeitar. Esse é o líder que eles seguirão.

Admitir seus erros diz algo profundo sobre sua integridade básica como líder.

Admitir seus erros diz algo profundo sobre sua integridade básica como líder. "Eu corri um risco aqui e pensei que as coisas mudariam de certo modo, mas elas não mudaram. A culpa é minha. Vocês provavelmente foram mais objetivos em relação a essa situação, embora eu não tivesse aceitado seu conselho. Eu não dei ouvidos a vocês e lamento muito por isso."

Essas são as palavras de um líder digno de confiança.

LINKS

50 Não "pise na bola" — p. 180

52 Fatos são seus amigos — p. 186

75 LUTE POR SUA FAMÍLIA

De acordo com 1Timóteo 3.12, uma das qualificações de um líder de igreja é governar bem sua casa. Se você não entender isso, provavelmente também não entenderá suas responsabilidades como líder. Mostre-me um líder que consiga disseminar uma visão incandescente, que forme grandes equipes e que faça grandes coisas para Deus, mas que tenha uma esposa amargurada e desiludida, e filhos cínicos, e eu lhe mostrarei problemas esperando para se manifestar.

O primeiro teste de liderança que tenho de superar todos os dias, todas as semanas e todo mês é o de liderar bem minha família. Estou disseminando uma boa visão para a minha família e a estou inspirando? Estou promovendo eventos que gerem unidade entre eles? Estou comunicando efetivamente e resolvendo problemas em casa?

O primeiro teste de liderança é o teste da família e ele é o teste que deve ser superado antes que outros testes possam acontecer.

O primeiro teste de liderança é o teste da família, e ele deve ser superado antes que outros testes possam acontecer.

Quando eu tinha meus vinte e poucos anos, caí na armadilha de ficar lisonjeado pelos pedidos constantes de meus liderados por minha presença. Eu queria ser necessário e pensava que era excepcionalmente estimulante a equipe se oferecer para ir velejar comigo, correr comigo, almoçar comigo, levar-me ao aeroporto e acompanhar-me até meu carro. Qualquer quinze minutos que tivessem, eles aproveitavam. E eu os oferecia com disposição.

Por fim, começou a me ocorrer que se eu continuasse dizendo sim a todas as solicitações, essas pessoas me absorveriam! Comecei dizendo: "Vocês sabem que eu tenho uma família, certo?".

É claro que eles sabiam disso. E em certo sentido todos se importavam. Mas a urgência e a importância de situações ministeriais que eles encaravam ofuscavam seu interesse por meu tempo em família. Eles precisavam de minha participação para levar suas iniciativas adiante e colocavam o ônus de proteger o tempo em família sobre mim. "Eu sei que Bill é dedicado à sua família", eles consideravam, "assim, se precisasse de tempo para estar com eles, estou certo de que o separaria. Mas continuarei pedindo seu tempo até que ele diga não."

Acordei muito lentamente para o fato de que ninguém em minha organização lutaria por minha família, exceto eu. Não estou dizendo nada ruim sobre meus colegas ou minha congregação. Eles são os melhores! Mas tenho de lutar por meu tempo com minha família. Tenho de lutar para chegar em boa forma emocional toda vez que passar pela porta da nossa casa, tenho de lutar pelas férias em família e tenho de lutar para integrá-los em minha agenda de viagens cada vez mais intensa. Nesses exemplos e em milhares de outros, em se tratando de família, o único que luta sou eu.

Quando isso se tornou claro, decidi não apenas lutar, mas lutar *pra valer*. Nos primeiros dias, achava que, para ser um grande pai, eu precisava estar em casa quatro noites por semana. Assim, por seis meses, eu separaria quatro noites por semana em meu calendário para tempo em família. As pessoas iriam brigar por essas noites e eu diria: "Lamento, mas tenho uma obrigação prioritária".

Meus filhos são adultos agora. Eles amam Deus, amam a igreja, amam estar juntos em família e eu adoro o fato de Deus ter recompensado minhas lutas dessa maneira. Essa primeira geração foi muito bem, mas eu tenho um neto agora, tenho de recrutar-me para outra temporada de luta por ele. Com a ajuda de Deus, esta batalha também será vencida.

Não importa se seu ambiente é cristão ou escolar, na briga de foice pelo progresso organizacional, o que sempre se faz necessário é mais dedicação de um líder. Mais do seu tempo, mais dos seus recursos, mais do seu apoio e mais do seu envolvimento, a despeito do custo que você tenha. Na maioria das atividades da igreja, nunca é conveniente que o líder titular esteja ausente. Sua presença é exigida durante campanhas financeiras, transições significativas, temporadas de férias e aparentemente todas as ocasiões entre as descritas acima. Antes que você saiba, espera-se que você seja onipresente.

Eis, portanto, um conselho precioso: oponha-se ao sistema. Observe o seu sábado. Tire um tempo de folga. Aproveite ao máximo seus dias de férias. Leve seus filhos em viagens ministeriais com você. E nunca olhe para trás. Em se tratando de família, o único que luta por ela é você.

LINKS

56 Velocidade *versus* alma — p. 199

58 Crie suas próprias linhas de chegada — p. 203

76 TERMINE BEM

Em quarenta anos de emprego, só deixei três organizações. Primeiro o negócio de meu pai, depois a organização AWANA. Então mais tarde, deixaria meu trabalho na igreja South Park em Park Ridge, Illinois, a fim de começar a Willow Creek.

A despedida mais difícil das três foi a de South Park, onde tive de dizer adeus para mil estudantes de segundo grau e toda a congregação de adultos. Outra lição que aprendi do homem que me disse para abençoar qualquer um que eu pudesse abençoar ao partir de South Park foi a de que o modo como deixo uma organização é o modo como sempre serei lembrado nela. Se eu terminasse bem, então seria lembrado com admiração e minha contribuição seria para sempre vista com bons olhos.

Eu nunca esqueci esse conselho.

"A questão não é se iremos partir", eu dizia a meus colegas. "A questão é como iremos partir quando chegar a nossa vez de partir."

É da natureza das organizações que as pessoas cheguem e partam. Assim, nos primeiros dias da minha liderança na Willow, decidi sustentar o "terminar bem" como um valor-chave. "A questão não é se iremos partir", eu dizia a meus colegas. "A questão é *como* iremos partir quando chegar a nossa vez de partir."

Eu dei alguns parâmetros à equipe para certificar-me de que estávamos todos sintonizados com respeito ao modo como as partidas devem ocorrer. "Terminar bem significa dizer a seu supervisor quando você sente o desassossego se infiltrando", eu expliquei.

"Significa que, quando você começa a se sentir frustrado no seu papel, convida seu chefe para discutir."

"Terminar bem significa que, se você se acerta com outra organização, fica vinculado à *organização atual* até quando for apropriado partir. Une-se a seu patrão na elaboração de um plano de transição razoável para que você não deixe um buraco escancarado durante um tempo muito crítico. Ajuda a explicar à organização por que está indo embora de maneira construtiva para que não surjam confusão e histórias ruins, as quais iriam ferir aqueles dentre nós que foram deixados em seu rastro. Convida seus colegas que têm desenvolvido amor e respeito a você para honrá-lo adequadamente! E insiste em trabalhar diligentemente até os últimos sessenta segundos do seu emprego."

"Você faz tudo o que pode para deixar uma impressão positiva e revigorante para que o seu legado aqui seja um legado que glorifica a Deus."

Eu frequentemente oriento líderes que o tempo para ensinar sua equipe a terminar bem *não* é quando as coisas estão em um caos organizacional. O tempo para ensinar sobre isso é quando as coisas estão transcorrendo de maneira tranquila e agradável. Dedique toda uma reunião de equipe aos benefícios de terminar bem e preservar um bom nome.

Quando você sustenta o valor de terminar bem, as partidas tendem a perder seu drama. Alguém virá a seu escritório para lhe contar que foi chamado por Deus para servir em outro lugar e, em vez de apertar o botão do pânico, você dirá: "Como posso servi-lo? Você pensou sobre o momento apropriado para isso? O que precisamos fazer para assegurar que você termine bem?".

Um pastor que conheço me disse recentemente que, embora tivesse ensinado sobre o conceito de terminar bem, nunca pensou que teria de aplicá-lo no contexto do seu papel de liderança. No entanto, um dia, seu pastor de adoração entrou em seu escritório e disse que estava assumindo um cargo em outra igreja. Como se as notícias não fossem ruins o suficiente, ele acrescentou que seu primeiro dia no novo emprego precisava ser o domingo anterior à Páscoa.

Meu amigo hesitou diante do plano do pastor de adoração. "Você está partindo uma semana antes da Páscoa, quando organizamos a maior produção de arte na área de adoração o ano inteiro? A produção que está sob *sua* responsabilidade?"

Eu sorri enquanto ele me contava essa história, feliz por saber que alguém mais lidou com algo assim. "O que acabou acontecendo?", perguntei.

"Eu perguntei ao pastor de adoração se ele se lembrava de uma reunião que tivemos ano passado", meu amigo continuou, "aquela em que todos nós que dissemos concordar em um dia terminar bem levantamos nossas mãos e nos unimos em uma oração de compromisso. Ele disse que lembrava dessa reunião e que também lembrava de ter levantado a mão."

"Eu então perguntei a ele se acreditava que deixar a igreja sete dias antes de sua contribuição anual mais significativa corresponderia a terminar bem e ele disse não, que supunha que terminar bem necessitava de uma atitude diferente."

Esse líder de adoração retornou à atitude que tivera originalmente, depois daquela conversa. Concordou em ficar mais um mês e acompanhar a produção de Páscoa até o fim. As coisas ainda estão acontecendo nessa transição particular, mas toda indicação aponta que o pastor de adoração terminará muito, muito bem. Bom para ele!

Meu filho Todd recentemente também teve de encarar o problema de terminar bem. Ele e um amigo decidiram deixar emprego, comprar um barco e navegar ao redor do mundo. O plano exigia que Todd deixasse uma atividade que exercera por cinco anos na equipe da Willow, mas, uma vez que o barco havia sido adquirido e a água começou a chamá-lo, ele ficou ansioso para partir.

Foi até seu supervisor e explicou seus sonhos. Seu supervisor disse: "Todd, se você puder ficar até o Dia Memorial e continuar até a temporada ministerial desse ano terminar, nossa equipe irá liberá-lo com o coração alegre".

Todd teve de respirar fundo. Ele trabalhou de cinquenta a sessenta horas por semana, mais semanas do que pretendia em princípio, mas, durante um jantar em família, ele olhou pra mim e disse: "Pai, me sinto muito bem por terminar bem". Eu fiquei orgulhoso dele.

Um dia você concluirá a missão que Deus lhe deu para realizar. Um dia eu também terminarei. Meu desejo sincero é que nós dois terminemos bem em nome daquele que nos chamou e sustentou por todo o caminho até o fim.

LINKS
14 Valores necessitam de calor — p. 68
67 Sempre pegue a estrada principal — p. 233

Agradecimentos

Ashley Wiersma, que habilmente me auxiliou com vários outros projetos criativos e teve uma visão mais clara para esse livro do que inicialmente tive. Quando eu finalmente vi quão útil essa abordagem poderia ser para o desenvolvimento de líderes, eu me entusiasmei. (Felizmente, Scott Bolinder também se entusiasmou.) Com dedicação contagiante, Ashley uniu-se a Paul Engle, Bob Hudson, Rob Monacelli, Ben Fetterley e outros da Equipe Zondervan, cuja paixão e proficiência fizeram esses esforços parecer mais um recesso que uma tarefa de casa. Coletivamente, sentimos a direção de Deus em cada passo do caminho — um dom inestimável que deu coesão à nossa equipe e significado ao nosso trabalho.

Esta obra foi composta em *AGaramond*
e impressa por Prol Gráfica sobre papel
Offset 63 g/m² para Editora Vida.